사물의 미래

| 인간의 지위를 묻다 |

하이브리드미래문화연구소
동지팥죽-미래를 준비하는 사람들
김연순, 김인숙, 김진택
김화자, 박승억

연필의힘

서문

동지팔죽
(미래를 준비하는 사람들)

얼마 전 뉴스에서 글로벌 IT 기업인 구글(Google)과 세계 최대 차량공유 업체인 우버(UBER)가 치열한 전투를 준비 중이라는 소식이 전해졌습니다. 원래 구글과 우버는 협력 파트너였습니다. 그러나 우버가 자율주행차 시장에 도전해서 자율주행택시 사업에 뛰어드니, 구글은 자율주행차 기술을 기반으로 차량공유사업에 뛰어든 것입니다. 표현이야 어쨌든 같은 시장을 놓고, 어제까지는 협력관계였던 두 거대 기업이 치열하게 다투고 있는 것입니다. 미래의 먹거리를 놓고 영원한 아군은 없을 지도 모르겠습니다. 그나저나 이렇게 자율주행차가 많아지면 도대체 어떤 일들이 벌어질까요?

밤늦게 강남 한복판에서 택시 기사님께 합승이라도 좋으니 제발 집 근처로 데려다 달라고 사정하지 않아도 될 것 같아 마음은 편안합니다. 부주의한 운전자 때문에 일어나는 수많은 교통사고와 그 희생자들의 수도 줄어들 것이니 도덕적으로도 바람직해 보이기까지 합니다. 혹여 내 자율주행차에 고객 맞춤형 대화 및 엔터테인먼트 프로그램을 가진 인공지능이라도 탑재하면 더욱더 내 차를 '사랑'할지도 모르겠습니다. 여전히 향수 속에 남아 있는 오래된 미국 드라마 <전격 Z 작전>의 주인공이 키트라는 이름의 자동차를 부르는 것처럼, 저도 제 손목에 찬 스마트워치에 대고 제 차를 부를 날이 올 것 같습니다. 그런데 그 많던 자동차를 운전하는 직업을 가진 분들은 어떻게 해야 되죠? 교통사고 때문에 제법

수익이 짭짤하던 자동차 수리업체 사람들, 보험사 직원들, 정형외과 의사와 간호사들, 그리고 과속 단속 카메라 제조업체 직원들은 어떻게 되죠? 드론이 택배를 하기 시작한다니, 또 얼마나 많은 변화가 일어날지 모르겠습니다.

사물이 서로 정보를 주고받는 시대, 사물인터넷 시대는 뉴스를 통해 그리고 주식시장은 물론이고 우리 손 안에 있는 스마트폰을 통해서도 이미 우리의 일상 속에 들어와 있습니다. 하지만 아직 우리는 사회가 어떻게 변화할 지를 제대로 파악하지 못하고 있습니다. 심지어 미래를 예측하는 전문가들조차 어떤 일들이 벌어질지 모르는 것 같기도 합니다. 미래는 말 그대로 아직 오지 않은 시간이고, 현대 사회는 나비효과가 일어나는 복잡한 사회이니 오늘 우리의 선택이 미래에 어떤 일들을 빚어낼지 예측하기란 여간 어려운 일이 아닙니다. 심지어 거리에 자율주행차가 가득하고 하늘에 택배 드론이 날아다닐 때, 태양에서 강력한 흑점 폭발이 일어나 통신 장애를 일으킬만한 전파 교란이라도 일어나면 어떻게 될 지 걱정도 됩니다.

이제껏 인류 역사가 그랬듯이 첨단기술의 발전은 언제나 사회를 변화시켜 왔습니다. 때때로 그 변화의 영향력은 매우 강력해서 시대를 바꾸어 버릴 때도 있습니다. 활자 인쇄 기술과 철도의 발전이 그랬습니다. 사람들이 신문을 읽기 시작하고, 철도가 신문을 먼 곳까지 배달할 수 있게 되면서 사회는 급격하게 변화해 갔습니다. 이른바 '근대'가 시작된 것입니다. 먼 훗날 역사가들은 사물인터넷 기술의 발전은 인류를 새로운 시대로 진입하게 만들었다고 말할지도 모를 일입니다.

이 책은 사물인터넷 기술이 가져올 변화를 함께 생각해보기 위한 마중물입니다. 그렇다고 이 책에 사물인터넷에 관련된 모든 것들을 담아 놓은 것은 절대 아닙니다. 이 글들을 쓴 저자들은 대부분 인문사회학을 전공한 사람들이므로 실제 사물인터넷과 관련된 전문적인 기술들에 대해서는 무지하다시피 합니다. 사물들이 정보를 주고받을 수 있기 위해서 센서를 어떻게 만들어야 하고, 사물들 사이의 통신은 어떤 식으로 이루어지는지 등 정말 기술적인 문제들은 잘 모릅니다. 그러나 그렇다고 해서 사물인터넷 기술이 우리 삶을 어떻게 변화시킬지를 모르는 것은 아닙니다. 아니 어쩌면 어떤 기술이 우리 삶을 어떻게 변화시킬지에 대해서만큼은 인문학자들이야 말로 더 예민한 촉을 갖고 있는지도 모릅니다. 인문학자들은 인간의 삶과 욕망, 그리고 사회의 변화에 큰 관심을 갖고 있고 또 연구해 왔기 때문입니다. 그래서 이 책은 사물인터넷 기술이 초래할 변화들 중 몇몇을 골라 독자들과 함께 생각해 보자고 제안하는 일종의 제안서입니다. 마중물 격인 논의들은 아래와 같습니다.

첫 번째, 김연순의 글은 디지털 집사에 관한 이야기입니다. '집사'하면 영화 <배트맨>에 나오는 충직한 집사 알프레드가 떠오릅니다. 번거롭고 귀찮은 일들을 대신해 줄 집사가 있었으면 하는 생각은 누구나 한 번쯤 해 보았을 것입니다. 그런데 디지털 기술이 그런 꿈을 실현시켜 줄 수 있을까요? 이런 질문과 연관해서 '21세기의 디지털 집사와 스토커'는 문화적 맥락에서 사물인터넷을 설명합니다. 실제로 인터넷을 통해 사람과 사람은 물론이고 사람과 사물의 소통이 가능해지면서 스마트기기가 그 중심에 있고 실생활의 많은 일들이 처리되기 때문입니다. 말하자면 손 안의 휴대폰을 비롯한 스마트기기가 사물들의 소통을 관리할 때, 우리 삶을 어떻게 바꿀지 생각해 본 것입니다. 쉽게 말하자면 예전에 '집사'

가 했던 일을 이제는 스마트기기가 하는 것이라고 생각할 수 있습니다. 기대하고 있는 편리함도 있을 테고 예상치 못한 불편함도 있을 것입니다. 생활사에서 보자면 집사는 동서를 막론하고 과거 신분사회에서 주로 대가집의 대소사를 관장하는 일종의 고용인이었습니다. 첨단기술을 통해 그런 일들을 기계가 떠맡게 된 것입니다. 오늘날 일상에서 대중적으로 사용되고 있는 스마트기기가 바로 그 대표적인 예입니다. 집사나 비서들이 하는 일을 이제는 스마트기기가 기계적으로 처리하고 있으며, 그 때문에 스마트기기를 일컬어 소위 '디지털 집사'라고 하는 것입니다. 스마트기기는 사람들에 관한 정보를 기반으로 자동화 시스템을 통해 다양한 영역에서 편리한 서비스를 제공합니다. 그러나 그것은 또한 사람들을 통제할 수 있는 가능성도 갖게 됩니다. 마치 생활의 쾌적함과 편리함을 위해 고용된 집사가 주인을 위해 다양한 양질의 서비스를 제공하지만 그만큼 집안일을 모두 꿰고 있기 때문에, 그가 심술이라도 부리는 날이면 주인에게 아주 곤란하거나, 심지어 치명적인 사건이 벌어질 수 있는 것과 마찬가지인 것입니다. 그래서 이런 사정들을 '디지털 집사와 스토커'라는 주제로 풀어 본 것입니다.

두 번째, 김인숙의 글은 사물인터넷이 우리의 경제 환경을 어떻게 바꿀 지에 대한 이야기입니다. 이미 '인더스트리 4.0' 혹은 '4차 산업혁명'에 관한 이야기들은 많이 회자되고 있습니다. 발상지인 독일은 물론이고 우리나라를 포함해서 많은 나라에서 국가적인 어젠더로 등장하기도 합니다. 4차 산업혁명은 대량생산을 하는 공장에서 고객 맞춤형 주문생산을 가능하게 합니다. 정보통신혁명의 산물인 사물인터넷이 공장에 접목되었기 때문입니다. 기계와 설비에 인터넷 주소가 주어집니다. 실제 현장인 공장의 모든 설비들은 디지털 정보로 전환되어 디지털 쌍둥이 혹은 디지털 아바타 공장이 만들어집니다. 즉, 물리적인 세계와 사이버 세계가 연결되는 사이버물리시스템(Cyber Physical System)입니다. 실시간으로 시뮬레이션이 가능합니다. 그래서 빠르게 제품을 생산할 수 있습니다. 마치 장난감 레고 모형처럼 고객이 원하는 단 하나의 맞춤형 제품을 만들어냅니다. 빠르고, 값싸게, 차별화된 제품을 원하는 소비자를 행복하게 합니다. 바로 사물인터넷은 이러한 소비자 욕구를 반영한 제4차 산업혁명의 핵심입니다. 사물인터넷은 스마트 공장, 스마트 홈, 스마트 그리드, 스마트 운송, 스마트 도시를 만들어냅니다. 제4차 산업혁명을 가능하게 해주는 핵심은 사물인터넷입니다. 사물인터넷은 우리에게 우리의 개별적인 취향과 관심을 반영한 차별화된 스마트서비스를 제공해줍니다. 이것은 대량생산과 대량소비에서 개인화된 소비로 변화해가고 있음을 뜻합니다. 최종 수요자는 생산자에게 네트워크를 통해서 자신이 원하는 것을 직접 명확하게 표현하게 될 것이며 생산자는 그런 소비자의 욕구에 대응할 수 있는 역량을 갖추어야 할 것입니다. 이런 변화는 결국 경제의 생산과 소비 시스템을 근본적으로 바꿀 것이며, 바로 그런 변화한 가운데 사물인터넷 기술이 있는 것입니다.

세 번째, 김화자의 글 ≪사물들, 우리도 행위자! – 행복한 '기술공동체'를 위하여–≫은 인류가 첨단기술과, 혹은 첨단기술을 탑재한 사물들과 어떻게 공존할지를 고민한 글입니다. 우리는 도시 전체가 ICT와 센서 기술을 탑재한 사물기기들로 연결되어 스마트폰처럼 작동하는 '포스트 스마트폰 시대'에 살고 있습니다. 사물과 인간이 하나로 연결될 세상을 꿈꾸는 사물인터넷은 인간 행위자와 비인간 사물 행위자가 어떻게 관계를 맺느냐에 따라 다르게 재구축될 수 있는 '동맹적 네트워크'입니다. 때때로 사물인터넷 환경은 인간을 무기력하게 만들 수도 있습니다. 사물들이 인간이 하던 많은 일들을 떠맡을 테니 말입니다. 하지만 이는 인간과 사물 사이의 관계를 주인과 도구로만 생각할 때 피할 수 없는 결과일지도 모릅니다. 오히려 개별 사물들과 인간이 서로 중심이 되지 않는 교환역학적 관계맺음에 의해 앙상블 시스템의 일원으로 작동할 때 새로운 기술 공동체와 환경을 만들 수 있을 것입니다. 사물들은 더 이상 인간의 단순한 도구가 아닌 인간과 동반자가 될 수 있을 것입니다. 그러나 이 동반자 관계가 무엇인지는 신중하게 생각해 봐야 합니다. 가령 인간과 사물들 간에 건강한 동반자 관계가 만들어지려면 서로 간에 일정한 '거리'를 둔 상호협력이 필요합니다. 그 '거리'는 사물들이 축적한 풍요로운 데이터 정보와 인간의 성찰적 행위가 상호작용할 수 있게 해주고, 나아가 개별 기기들 혼자서는 생산할 수 없는 잠재적, 관계적 정보로 새로운 서비스와 가치를 창출할 수 있게 해 줄 것입니다. 사물 대 사물, 사물 대 인간, 오프라인과 온라인을 연결하는 사물인터넷의 방대한 정보는 행복한 '기술공동체'를 목표로 개인을 위한 맞춤형 서비스 외에 공공의 서비스가 될 수 있는 지점을 찾아야만 할 것이며, 물론 우리는 그런 공동체를 만들어 가는 가장 중요한 주체가 되어야 할 것입니다.

네 번째, 김진택의 글 ≪애니미즘과 IOT – 살아 느끼는 사물 – 인간 관계 맺기≫는 인류의 오래된 정신적 패턴인 애니미즘을 중심으로 사물인터넷에 관해 이야기합니다. 사물인터넷에 관한 문화심리학적 분석이기도 합니다. 이 글은 애니미즘이 단순히 주술적 행위로 치부되는 원시종교의 형태에 머무는 것이 아니라 지금 사물인터넷을 비롯한 디지털 사회·문화 환경 안에서도 우리의 실존적 행위들과 깊숙이 연관되어 있음을 살펴보면서, 사물인터넷 역시 사물들의 영혼과 그들의 살아있음에 대한 인간의 넓은 관계 맺기 행위에 다름 아니라는 통찰을 보여주고자 합니다. 사물인터넷 기술이 만들어내는 당장의 낯설음과 두려움에 반사적으로 호들갑을 떨며 불안을 생산해 내고 자신의 몸집을 키우는 '순수 자연주의적 인문학'과 근원적 형이상학의 관점에 대해서는 의연하게 대응할 필요가 있습니다. 하지만 첨단 테크놀로지와 함께 진화하는 인간이 실존적 차원에서 구성해 나가는 자기 형성의 행위가 이 속도와 환경에 대응할만한 체력과 내성을 갖고 있는지에 대해서는 또 차갑게 따져 봐야 할 것입니다. 사물인터넷 환경에 대해 '애니미즘의 귀환'이라는 카피를 뽑아내는 것이 중요한 것이 아니라, 실존적 영역에서 구체적으로 고민해야 하는 그 힘든 훈련들, 즉 애니미즘적 세계관이 그 내재적 논리에 따라 주체의 혼종적 상태를 인정하기에 수반하는 분열적 측면을 사물들과의 긍정적 관계 맺기로 전환시킬 수 있는 실존적 훈련과 사유의 실천이 중요합니다. 우리는 무서운 속도로 진전하는 사물인터넷 시스템이 인간의 자유와 상충하지 않도록 현명한 감속기를 만들어야 하고, 또 그 감속기를 제때 작동시켜야만 하는 어렵고도 치열한 도전 앞에 서 있습니다. 미래가 그저 다가오는 것이 아니라 우리가 만들어가야 한다는 말이 다만 듣기 좋으라고 하는 말은 아닐 것입니다.

마지막으로, 박승억의 글은 사물인터넷이 가져올 효과 중 하나로서 기계가 '생각하는 것처럼 보이는 착시효과'에 관한 것입니다. 모든 사물들이 센서를 통해 정보를 주고받고 그런 정보들을 통해 우리가 일상에서 부딪치는 문제들을 사물들 스스로가 해결해 나간다면, 그것은 마치 기계들이 생각하는 것처럼 보이게 만들 것입니다. 자율주행차가 차 안의 승객과 대화를 나누며 운행을 한다고 상상해 보면, 우리는 그 차가 생각을 하는 존재가 아니라는 것을 뻔히 알면서도 상황판단을 하고 의사결정을 하는 존재로 생각하게 될 것입니다. 생물학적 의미에서 인간은 고도의 공감 능력을 발전시켜 왔습니다. 인간이 사회적 존재로서 진화해 왔으므로 그것은 당연한 일이었을 것입니다. 그래서 인간은 자신과 관계 맺는 대상들에 대해 감정을 투사하고 공감하도록 진화해 왔습니다. 자신과 대화를 나눌 수 있는 것에 애착을 갖고 인격적 감정을 투사하는 일은 자연스러운 것입니다. 하물며 우리 일상의 문제들을 해결해 주는 '지적 능력'을 가진 사물들에 대해서는 어떨까요? 인공지능 기술이 발전할 수 있었던 것은 방대한 인터넷 네트워크를 통해 기계학습이 가능했기 때문입니다. 사물인터넷 환경은 이제 그런 기계들의 생각하는 능력(비록 겉보기에만 그럴지라도)을 가속화시켜 나갈 것입니다. 사물들에 센서가 부착되고 각각 필요한 수준의 인공지능이 탑재된다면, 우리는 사물과 훨씬 더 인간적인 커뮤니케이션을 할 수 있을 것입니다. 사물과의 커뮤니케이션은 고대 신화적 세계 이래로 인류가 겪어보지 못했던 새로운 현실의 상황입니다. 그 만큼 변화의 충격도 클 것입니다. 뉴스를 장식하곤 하는 미래의 일자리 문제는 그런 문제들의 시작을 알리는 총성일 것입니다. 사물이 판단을 내리고 의사결정을 할 수 있는 시대는 결국 인간의 근원적인 문제, 즉 인간의 존재의미를 묻게 만들 것입니다. 이런 상황이 희망적인 것인지 혹은 비관적인 것인지는 결국 우리의 선택에 의존할 것입니다. 인간의 생각 없이 행동하고 후회하는 에피메테우스의 유전자를 갖고 있기도 하지만 미리 생각하고 준비하는 프로메테우스의 유전자를 갖고 있기도 합니다.

이상의 논의들은 사물인터넷 기술이 변화시킬 미래 사회의 한 단면이고, 그로 인해 빚어질 여러 가지 변화들 중에 일부일 뿐입니다. 그래서 이 책은 일종의 마중물일 뿐입니다. 첨단기술이 빚어낼 미래에 대한 관심은 이슈를 만들어 내는 뉴스를 통해 접하는 것이 대부분입니다.

때로는 과장되고, 때로는 왜곡된 정보들이 미래에 대해 근거 없는 두려움을 갖게 하거나 막연한 환상을 품게 만들기도 합니다. 분명한 것은 그런 미래들이 그저 SF 소설에 나오는 상상이 아니라 이미 우리의 삶 속에 파고 들어와 있는 현재이기도 하다는 것입니다. 지금 휴대폰의 잠금을 해제하기 위해 눈의 홍채를 인식시키는 것은 몇 십 년 전만 하더라도 사람들이 그저 흥미롭다고 말하던 SF 영화에 나오는 장면들이었습니다. 미래는 멀리 있지 않습니다. 게다가 그 미래는 우리의 선택이 만들어 갑니다. 그래서 더더욱 함께 미래에 관한 이야기를 나눌 때입니다. 그저 '미래가 어떻게 될 것이다!'라는 단순한 예측이 아니라 우리가 진정으로 원하는 미래가 무엇이고 그런 미래가 되기 위해서는 우리가 어떤 준비를 해야 하는 지를 고민하는 논의들이 좀 더 활발해 지기를 바랍니다.

끝으로 이 책의 출간을 위해 애써주신 도서출판 세진사의 문형진 대표님께 감사드립니다.

저자 일동

차례

01

21세기의 디지털 집사와 스토커

김연순

01 21세기의 디지털 집사와 스토커

김연순

1 지금 우리의 세상은...

오늘의 시대를 일컬어 초연결시대라 합니다. 이것은 사람뿐만 아니라 사물까지 포함해서 모든 것을 인터넷 네트워크에 연결하여 이제까지 알고 있던 사람 위주의 세계상을 사물의 세계로 확장시킨 것을 뜻합니다. 이러한 세계는 인간들의 관계보다 인간이 사물과 맺는 관계 그리고 사물들 간의 관계를 중심으로 생각되는 하나의 거대한 시스템입니다. 이 시스템은 결코 멈출 수 없으며 일부가 멈춘다 하더라도, 그것은 멈추고 있는 것이 아니라 계산된 멈춤이어서 작동하고 있음의 다른 표현입니다. 사람들은 이러한 현상들을 일컬어서 흔히 '사물인터넷'이라 하며 심지어는 세상의 모든 사물들을 인터넷에 연결시킨다 하여 '만물인터넷'이라고도 말합니다.

사물들은 인간의 역사와 함께 오랜 세월 동안 인간과 함께 존재해 왔으면서도 그 존재를 드러냄 없이 침묵해 왔습니다. 그러던 것이 이제 네트워크를 통해 서로 연결되면서 사물들은 오랜 침묵을 깨고 그 존재성을 외치게 된 것입니다. 그것을 가능케 한 인터넷 네트워크는 이제 가치와 자본은 물론이고 사람과 사물의 관계까지도 재편하려 합니다. 이러한 변화를 몰고 온 것이 스마트기기입니다. 사람들은 손안에 있는 핸드폰으로 집안의 사물들을 부분적으로 통제하기 시작했습니다. 대중화된 첨단기술은 사물들끼리 연동케 하여 사람에게 편리한 자동화 서비스를 제공하는 것입니다. 이 시스템의 한 가운데에서 집 안팎의 일들을 관리해주는 스마트기기는 과거 계급사회의 집사나 현대에 기업의 비서가 하는 일을 기계적으로 처리해주는 '디지털 집사'라 명명되고 있습니다.

사람이 개입하지 않아도 사물들끼리 소통하면서 주어진 일을 처리할 수 있도록 하는 생각은 지난 세기 말 1999년에 케빈 애쉬튼(Kevin Ashton)에 의해 '사물인터넷(Internet of Things)'이란 용어의 창안으로 이루어졌습니다. 새 시대를 예고하는 절묘한 시점에 탄생된 사물인터넷 아이디어의 의도는, 사람뿐 아니라 세상의 모든 사물들까지도 인터넷에 연결시켜서 불필요한 에너지손실과 시간낭비를 막는 것은 물론이고 비용도 절감하려는 것이었습니다. 이러한 생각으로 새 시대는 더 한층 디지털화로 꿈틀거리게 되고 관계의 디지털화도 가능해진 것입니다. 실제로 이것이 가능하려면, 사물들은 스스로 행동할 수 있어야 하고, 사람들은 시간의 제약을 받지 않고 어디서나 사물들을 통제·조절할 수 있어야 합니다.

그런데 사람과 사람의 관계를 넘어서서 사람과 사물이 관계한다 함은 이제까지 생각지도 못했던 천지 만물들이 서로 연결되는 것이기에, 사람만이 아니라 사물들도 서로를 느끼면서 정보를 주고받는 지능적 관계를 맺으며 행동한다는 뜻입니다. 실제 세계와 가상 세계의 융합을 통해 이 지능적인 관계가 상호 협력적으로 이루어질 때 사물들은 인간의 편리를 위한 서비스를 할 수 있다는 것이지요. 이것을 실행할 수 있게 하는 '초연결' 시스템이 인간과 인공지능 간의 커뮤니케이션을 원활하게 할 때, 사물들은 사람들을 위해 똑똑한 서비스를 구현할 수 있다는 것입니다.

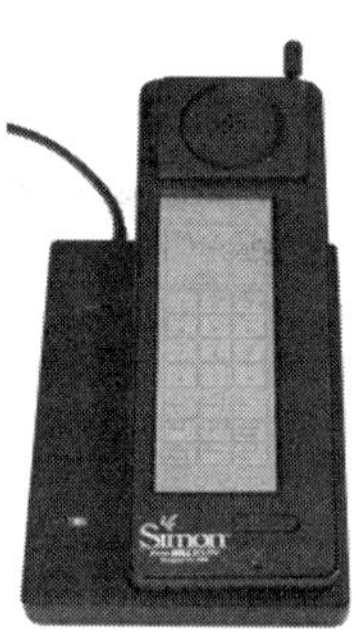

1994년에 출시된 IBM의 시몬 퍼스널 커뮤니케이터

모든 것을 연결시키는 이 시스템을 통해서 사람들은 다른 여타의 것들 중에서 일상생활과 직결되는 2개의 상반된 현실을 동시에 경험할 것입니다. 하나는, 집안일을 관리하는 집사처럼 원하는 모든 것을 알아서 똑똑하게 처리하면서 생활에서 최대한의 편리함을 향유할 수 있는 현실이고, 다른 하나는 누군가 '나'의 동의 없이 소통되는 정보를 활용해서 자신의 이익과 이해관계를 충족시키는 기껍지 않은 현실입니다. 원하건 원하지 않건 이러한 상황에서 사람들은 한편으로는 무한한 편리를 다른 한편으로는 숨길 수 없는 불편을 넘어서서 두려움을 감당해야 합니다. 이러한 세상에서 사물들이 우리에게 어떤 의미로 다가올 것인지를 숙고하지 않을 수 없으며, 첨단기술 발전으로 우리 앞에 성큼 다가선 사람과 사물을 연결시키는 새로운 유형의 디지털 집사에 대한 이해는 더욱 불가피해졌습니다.

첨단기술의 발전은 인간의 편리를 무한대로 추구하는 욕망과 맞물려 있습니다. 과거에는 신분에 따라 기득권을 부여받은 사람들이 돈과 권력으로 차별화를 꾀하고 섬김을 강요하면서 자신들의 편리를 위해 많은 일들을 다른 사람들의 손을 통해서 간단히 해결했습니다. 이런 일들은, 신분이 해체되고 계급이 사라진 오늘날 그 역할은 발달된 기술에 의해 기계가 대신하고 있습니다. 실제로 기계는 인간의 편리함을 위해 많은 일을 떠맡고 있으며, 심지어 그 일들은 사물들 스스로 알아서 자동화로 실행되고 있는 것입니다. 사물인터넷은 여기서 더 나아가 인간의 개입 없이 사물들 간의 협력으로 '완벽한' 지능적 관계를 완성해내는 것입니다. '섬김'의 의미가 '서비스'로 대체되고, 소수에게만 가능했던 관리가 기계의 시스템을 통해서 대중화로 실행되려는 것입니다. 이로써 사회적 지위에서나 또는 경제적 수준에서 볼 때 감히 엄두도 내지 못했던 집사의 고용이 이제는 기술과 기계의 진화에 따른 스마트기기의 보편화를 통해 실현되리라는 것입니다.

2 내가 알고 네가 알던 세상!

세상이 과거로 돌아가는 걸까!

최근 한 시사종합지에 <'신흥부자 증가' 中 집사 학교 개교>라는 흥미로운 내용의 기사가 실렸습니다. 내용인 즉은, 중국에서 경제부흥을 타고 신흥부자들이 많이 생겼고, 이들은 다른 사람들과 자신들을 구별하기 위해 '말쑥한 제복을 차려입고 집안의 모든 살림을 책임지는 서양식 집사'를 구하고 있다는 것입니다. 이에 호응해서 2000년에 설립된 집사 양성소 격인 네덜란드 '버틀러 아카데미(The International Butler Academy)'가 중국 쓰촨성(四川省) 청두(成都)에 분교를 설립했음도 보고되었습니다.[1] 그것이 고소득과 젊은이들의 일자리 창출에 기여하거나 부의 축적에 따른 과시욕에 따른 것이거나 간에, 서양의 중세와 근대에서 계급사회의 문화적 현상을 단적으로 보여주었던 서양식 집사 문화가 21세기 디지털 문명시대에 동양에서 새롭게 싹틔우고 있는 것은 놀라운 일이 아닐 수 없습니다.

이와 유사한 맥락에서 2000년에 설립되었고 전 세계 60여 개 도시에서 활동하고 있는 영국의 글로벌 컨시어지 서비스 기업인 퀸터센셜리(Quintessentially)는 상위 0.05%의 일정 자격을 갖춘 극소수 상류층을 겨냥해서 21세기형 집사의 서비스를 내세우고 있습니다. 여기서 컨시어지(concierge)란 개념은 중세시대에 성에서 촛불을 관리하는 촛불관리자에서 유래한 것으로 추측되며, 오늘날에는 고객을 맞이하고 객실 서비스를 총괄하는 호텔 중심의 서비스 개념으로 정착되었습니다. 이에 퀸터센셜리 기업은

1 국제디자인트렌드센터 한국트렌드연구소, HOT TRENDS 40 눈으로 보는 글로벌 트렌드, 한국트렌드연구소 2008, 150−155쪽 참조.

차별화된 최고급 라이프스타일 위해 과거의 집사처럼 사소한 일에서 쉽게 처리할 수 없는 일에 이르기까지 다양한 형태의 전방위적인 개인맞춤형 서비스를 제공하고 있으며, 2008년도에는 마침내 한국에도 상륙했습니다.[2]

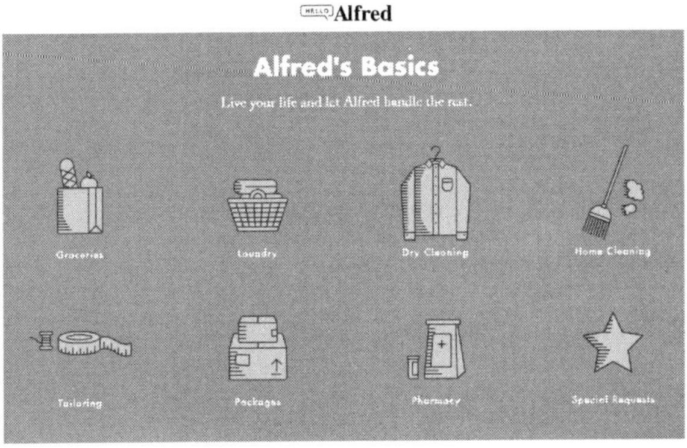

알프레드 사이트

더 나아가 미국 뉴욕과 보스턴에서는 시간에 쫓기는 사람들을 위해 빨래하기, 생필품 구매하기, 드라이클리닝 맡기기 등의 집안일을 대신 해주거나 잡다한 심부름을 전문적으로 수행하는 개인 집사 서비스가 '알프레드(Alfred)'란 명칭으로 2013년 9월에 시작되었습니다. "당신은 당신의 인생을 살고 알프레드에게 나머지를 처리케 하십시오!"란 기치아래 운영되는 알프레드는 이용자로부터 집안일에 대한 요청을 받으면, 알프레드 직원이 주 2회 이용자가 원하는 날에 방문하여 일을 처리해 줍니다.

이 이름은 우리에게 이미 알려진 영화 <배트맨>의 집사 '알프레드'를 떠올리게 합니다. 주인공 브루스 웨인이 사회 정의를 위해 악인들과 싸우는 사이에 집사 알프레드는 브루스 가문의 살림살이를 도맡아서 빈틈없이 챙기고, 필요한 정보와 관련 사항들을 준비해두었다가 브루스가

---

2 https://www.facebook.com/QuintessentiallyKorea 참조.

어려움에 처했을 때면 그것을 해결할 수 있는 결정적인 도움을 줍니다. 이런 의미에서 알프레드 서비스는 바로 <배트맨>에서 집사 '알프레드'의 충실한 이미지를 상업적으로 활용해서 집사의 대중화를 지향하는 것입니다. 또한 이것은 독일을 비롯한 유럽에서도 유사한 서비스가 이루어지고 있으며, 한국에서는 그와 유사하지만 부정적 이미지로 변질된 '심부름센터'를 언급할 수 있을 듯합니다.

과거에는 그랬다는데...

과거 생활사에서 보자면 헌신적으로 서비스를 제공하는 대표적인 직업 중에 하나가 바로 집사입니다. 집사는 동서를 막론하고 신분사회에서 주로 대갓집의 대소사를 관장하는 일종의 고용인을 뜻합니다. 한국의 경우 집사는 사전적 의미에서 '양반집에서 잡일을 맡아보거나 시중을 들던 사람'으로서 청지기'란 유사어도 함께 사용되었습니다. 이런 의미에서 집사는 알고 보면 상당히 오랜 역사를 가지고 있는 것 같습니다. ≪삼국유사≫ 의 '기이(도화녀 비형랑)조에 보이는 귀신 세력' 이야기에서 나오는 집사는 일찍이 삼국시대에서 활동했던 신라의 관직이었던 것입니다.[3]

이야기인 즉은, 죽은 진지왕이 현시하여 생시에 마음에 두었던 미녀 도화랑을 1주일간 품었는데, 그 후에 도화랑이 태기가 있어 낳은 아기가 비형입니다. 이것이 소문으로 퍼져 진평대왕의 귀에 들어가니, 왕이 아이를 데려다 기르고 그 애가 15살이 되었을 때 집사의 벼슬을 주었습니다. 그런데 집사 관직에 오른 비형이 밤이면 귀신과 놀고 다닌다는 소문

---

3 일연, 도화녀와 비형랑[桃花女 鼻荊郎], ≪원문과 함께 읽는 삼국유사≫, 신태영 역, 한국인문고전연구소 2012. 第26대 진지왕(眞智王)의 혼과 사량부 시녀의 딸 도화녀(桃花女) 사이에서 태어난 비형랑 그리고 그가 추천한 길달이 진평왕으로부터 집사라는 벼슬을 맡았다는 설화가 전해져 온다.
http://terms.naver.com/entry.nhn?docId=1633580&categoryId=49616&cid=49616

이 돌았습니다. 이것을 알게 된 왕은 비형을 불러 밤이면 함께 노는 귀신들로 하여금 개천에 다리를 놓도록 명령하였습니다. 비형은 왕명에 따라 하룻밤 만에 귀신들에게 큰 다리를 완성케 했습니다.

여기서 집사와 관련된 흥미로운 내용들을 분석해보자면, 제시된 내용은 집사의 일처리 능력과 동료 관리능력 및 품성입니다. 비형 집사는 보통 사람으로서는 엄두도 내지 못할 귀신과 놀고 일을 시킬 정도로 소통능력이 뛰어나며, 또한 명령이 주어지면 그 뜻을 받들어 성실히 실행하는 품성을 가졌을 뿐만 아니라, 관리능력 또한 뛰어나서 주변 인물들을 잘 파악해두었다가 특정한 일에 맞는 합당한 인물을 왕이 물어보면 적절한 인물을 추천합니다. 이런 의미에서 집사는 아무나 할 수 있는 직책이 아니었습니다. 그것을 수행할 수 있는 능력을 갖추어야 하는 것입니다. 또한 사회 계층적으로 볼 때에도 집사는 결코 낮은 신분이 아닙니다. 비록 비형의 모친은 일반 백성이고 죽은 왕의 혼으로 얻은 아들이라 하더라도, 비형은 왕의 혈족임을 인정받아 궁에서 성장하였기에 그에 합당한 직책이 맡겨질 수 있었던 것입니다. 따라서 집사는 당시 사회적으로 신분이 천하지 않은 사람에게 주어지는 관직임을 알 수 있습니다. 관직으로서의 집사는 고려시대를 거쳐 조선시대까지 이어졌습니다.

서양의 경우 최초의 집사는 아마도 구약성서 창세기 39장과 40장에서 이집트로 끌려가 종이 된 요셉을 꼽을 수 있을 듯합니다. "주님께서 요셉과 함께 계시니"라는 언질로도 알 수 있듯이, 그가 하는 일은 무엇이든지 번성하였습니다. 이를 눈치 챈 주인은 "자기의 모든 재산을 요셉의 손에 내맡기고 그가 있는 한 자기가 먹는 음식밖에는 마음을 쓰지 않았다."고 성서는 기록하고 있습니다. 오늘날의 의미에서 풀어보자면 모든 일을 맡은 요셉은 집사라 할 수 있는 것입니다. 그러나 주인의 일을 도맡아 하는 집사는 일의 성격상 '봉사'를 기반으로 하며, 봉사에 대해서는 디모데전서

3장에서 잘 기술되어 있습니다. 그에 따르면 봉사자는 "절제할 줄 알고 신중하고 단정하며 손님을 잘 대접하고 또 가르치는 능력도 있어야" 합니다. 이러한 의미에서 집사는 과거 서양 생활문화에서 한 축을 이룬다고 해도 과언이 아닐 것입니다.

서양에서 발달된 집사의 직책은 억압과 복종을 기반으로 해서 신뢰와 충성으로 포장되어 시대마다 사회마다 확대 재생산되었습니다. 중세에는 귀족의 수가 극히 소수였으므로 집사들 또한 많지 않았습니다. 집사 중에 최고는 역시 왕의 집사였을 것입니다. 왕의 집사는 아무나 할 수 있는 일이 아니었기 때문입니다. 그러니 몇 안 되는 귀족들 중에서 그 자제들이 집사의 임무를 수행했던 것입니다. 시대가 변하여 자본을 기반으로 형성된 시민이 등장하고 산업혁명이 활발하게 전개되고, 19세기에 부를 축적하게 된 부유한 시민과 고위공직자를 비롯해서 대저택을 가진 상류층이 증가하면서 집사는 각광을 받는 직업이 되었습니다. 또한 집사는 자신이 충실히 봉사해야 할 주인의 격에 맞게 지식과 품격을 갖추게 되었습니다.

되르스틀링, 〈칸트와 손님들, 1892/1893〉 임마누엘 칸트를 오랫동안 보필한 집사 람페의 점심 때 식탁 서비스하는 장면.

상류층의 대저택에는 주인 몇몇을 위해 많은 하인들이 살았습니다. 집안 살림의 규모가 클수록 집안일을 총괄하는 집사를 정점으로 하인들의 일은 세분화되었고 매 상황마다 집사의 역할은 가중되었습니다. 심지어 100명도 넘는 하인을 거느리는 귀족이 있었을 정도로 부유층의 살림 규모가 컸으므로 거대한 건물 안팎으로 만족스러운 생활환경을 유지하기 위해 사람의 손길을 요구하는 일은 일일이 열거하기 어려울 정도였습니다. 노동을 알 길 없는 소위 '위층 사람들'의 심심풀이를 충족시키기 위해 아래층의 하인들은 자기 위치에서 맡겨진 일을 해내느라 종일 쉴 새도 없이 움직여야 했습니다. 그 과정에서 집안 어딘가에서 늘 크고 작은 일들이 터지곤 했습니다. 이런 상황이 반복되는 일상에서 집사는 집안 대소사의 관리인이자 아래층 사람들을 통솔하는 리더였습니다. 대저택은 거주와 활동을 중심으로 위층 사람들의 상류층과 아래층 사람들의 하류층으로 나뉘어졌고, 집사는 그 두 부류 사이에서 매개 역할을 하며 위층 사람들의 편안함을 위해 아래층 사람들을 관리했던 것입니다.

손님을 환영하고 하인들의 인력을 관리하며 하인들을 일의 성격에 맞게 배치할 뿐만 아니라, 식사 때 식사 순서나 음식에 맞는 와인을 관리하고 추천하는 등 집사는 많은 일을 자동기계처럼 정확한 시간에 최선을 다해 충실히 해냅니다. 그런대도 위층 사람들은 아래층 사람들이 위층에 오가는 것을 꺼렸습니다. 허드렛일로 몸에 밴 냄새와 남루한 차림새가 그들의 감각을 불편하게 만들기 때문에, 특히 허드렛일을 도맡아 하는 사람들의 경우 자신의 일자리를 벗어나 밖으로 몸을 드러내는 것이 금지되었습니다. 그러므로 그들은 마치 유령이라도 되듯이 주인의 눈에 띠지 않게 자신의 일을 처리해 놓아야 했습니다. 물론 위층 사람들의 안락한 삶의 향유를 위해 맡겨진 모든 일은 정해진 시간에 정확히 이루어져야 했습니다.

모든 일을 알아서 해주는 충실한 집사 덕분에 위층 사람들은 오직 먹고 마시며 즐기는 일에 몰두할 수 있었습니다. 그 이면에는 집주인의 수족이 되어 오직 주인 가족들의 편익을 위해 현명하게 처신하며 주인의 행복을 최대의 보람으로 여기는 집사의 충실함과 그에 대한 주인의 절대적 신뢰가 있었습니다. 이것은 이미 언급된 영화 <배트맨>의 집사가 그러했고, 최근 미국을 비롯해서 전 세계에서 호평 받고 있는 영국 드라마 <다운튼 애비>의 카슨 집사가 그러합니다. <배트맨>의 알프레드 집사도 <다운튼 애비>의 카슨 집사도 모두 충직하고 유능하며, 심지어 그들의 태도나 취향 또한 주인의 것에 버금갈 정도입니다. 그들은 대개 평생을 주인과 운명을 함께 하며 그 안에서 보람을 찾기 때문입니다.

누구만의 세상이 아닌 모두의 세상에서

시대는 늘 변하고 세상은 항시 시대 변화에 민감합니다. 일부 집사들은 누구보다도 세상의 변화를 빨리 감지했을 것이고 일부 집사들은 그렇지 못했을 것입니다. 세상의 변화에 민감한 집사들은 대부분 변화를 자기화하고자 했을 것이고 변함없이 복종의 미덕에 몸을 맡기기도 했겠지만 인간 본연의 가치인 독립과 자유를 향한 마음은 별반 다르지 않았겠지요. 그렇더라도 그들이 자신의 삶을 변화시킨다는 것은 쉽지 않았을 것입니다. 세상이 충실한 알프레드를 필요로 하지 않더라도 집주인이 그를 원한다면 그는 다른 선택을 할 수 없었을 것입니다. 그들은 집주인의 행복이 자신의 행복이라 믿고 평생을 그렇게 살도록 길들여져 있었기 때문입니다. 또한 시대가 변하여 삶의 방식이 달라지고 생활 규모의 합리화가 집사를 불필요한 존재로 간주하더라도, 귀족을 비롯한 대부호들은 수족처럼 부리던 집사가 없다는 것을 생각할 수 없었습니다. 그들은 자신들의 육체적 노동을 상상할 수 없었기 때문입니다. 경제적 부담으로 또는 현대식 주거의 편리성에 매료되어 대저택을 버리지 않는 한, 그들이 집사를 내보낸다는 것은 쉽지 않았습니다.

그러나 많은 사람들은 새로운 삶에 적응해야 했고, 실용적으로 지어진 현대식 건물은 훨씬 적은 손길을 필요로 했으며, 각 공간들은 필요한 일손을 덜어줄 기계로 채워졌습니다. 더욱이 변화하는 시대는 개인주의를 선호하면서 개인의 자유를 최고의 가치로 내세우며 독립성을 강조했고, 귀족들을 비롯해서 부유한 사람들도 점차 모든 일을 스스로 처리했으며, 그것은 주체적인 인간에게는 당연한 일로 받아들여졌습니다. 기계의 힘을 빌릴 수 있게 되면서 이러한 경향은 더욱 가속화되었습니다. 사람들은 대부분 자립적인 인간이 되고자 했으며 그에 따른 성취욕이 자부심에 근거해서 그들을 자극했던 것입니다. 다른 사람의 손을 빌려서 무엇을 처리하는 것 자체가 자존심과 연관해서 해석되기도 했습니다. 그러나 이렇듯 가치관이 변하고 생활양식이 변했음에도 불구하고 사람에 따라서는 변화와 무관하게 이전의 삶의 방식을 고수하기도 했습니다. 그러기에 옛 시절의 향수가 묻어나는 습관을 고집스럽게 지켜주는 집사는 계속 살아남을 수 있었던 것입니다.

노동과 직업이 삶의 중요한 조건이자 가치로운 것으로 인식되면서, 사람들은 자신이 꿈꾸는 가치 있는 삶을 직업으로 실현코자 했으며 이것을 통해 자신의 정체성을 찾고자 했습니다. 특히 직업이 개인적으로나 사회적으로 인정의 문제와 연결되면서 자아실현의 욕구로 표출되었습니다. 여성들은 더 이상 부엌에 메이기를 원치 않았고 세상에 나아가 사회적으로 인정받을 수 있는 자신만의 고유한 일을 갖고자 애쓰게 되었습니다. 그리고 그것은 주방기기의 발전으로 실현될 수 있게 되었습니다. 그로 인해 주방에서 필요한 노동력은 줄어갔고 기계문명은 그것에 파고들어 해법을 제시했습니다. 기술을 배우려는 여성들이 늘어나면서 누구의 그늘에 안주하기보다 사회적 생산성에서 자신의 일을 생각하는 여성들이 늘어났던 것입니다. 이런 변화 속에서 집사들은 자유로운 자신만의 일을 찾아 성을 떠났고, 화려하게 위용을 자랑했던 대저택은 비어가기 시작했으며 주체할 수 없는 규모와 유지비 때문에 짐이 되어갔습니다.

식사 준비에서부터 청소와 빨래 그리고 집 전체에 불을 켜고 끄는 것과 정원 관리에 이르기까지 집안의 많은 일들이 합리화 되었습니다. 집안일에 점차 가치를 부여하지 않게 된 직업여성들은 간단한 기계 조작으로 집안일의 합리화를 추구하며 편리하게 사용할 수 있는 기계를 구입하기 위해 기꺼이 주머니에서 돈을 내놓게 되었습니다. 역설적으로, 세련된 현대식 주방을 갖기 위해 여성들은 서슴없이 부업을 했고 그것을 통해 세련된 주방기계에 대한 욕망을 충족시키기도 했습니다. 집안의 많은 일들이 기계화 되고 실생활은 빠른 속도로 변화했습니다. 집사의 봉사는 사람들의 의식에서 사라졌고 가사도우미도 옛말이 되어갔습니다. 지속적으로 발전을 거듭하는 기술에 힘입어 자동화가 선호되면서 집 안에는 자동기기들이 여기저기서 일에 열중하게 되었습니다. 과거에 집사와 하인을 통해 드러내었던 부의 과시는 이제 생활의 편리를 추구하며 품격을 나타내는 세련된 디자인의 자동화 기계를 통해 이루어졌습니다. 이제 자동화 기계의 편리함으로 인해 사람들은 수동기기들에 대한 조작을 번거롭게 생각하게 되었습니다.

사람들의 손으로 이루어진 일들이 자동기계들로 인해 사라졌습니다. 더욱이 기계는 짧은 시간에 높은 효율성을 보여주기 때문에, 사람들은 직접 손을 사용해서 하는 일을 시간과 정성을 들이는 것으로 평가하기보다 비생산적인 것으로 간주했고 심지어 그로 인해 더딘 시간을 견뎌낼 수 없을 정도로 조급해졌습니다. 집 안에 불을 켜기 위해서도 층마다 다니며 촛불을 켜기보다 간단히 스위치를 한 번 누르는 것으로 층 전체를

얼마 되지 않는 돈을 위한 청소

밝게 할 수 있게 되었습니다. 방 공기를 따뜻하게 하기 위해 피우기 어려운 석탄에 불을 지피지 않아도 되었으며, 마루를 닦기 위해 한 나절을 무릎 꿇고 앉아 물걸레와 씨름하거나 음식을 신선하게 보관하기 위해 애쓸 필요도 없게 된 것입니다. 만약 멀리 떨어진 지인에게 연락을 취해야 할 경우에도 이를 위해 누군가 자전거나 기차를 타지 않게 된 것입니다.

이전 시대에는 경험하지 못했던 자동기기가 생활의 편리와 효율성을 보장하고 그것에 대한 신뢰가 높아지면서 사람들은 시간절약을 위해 인간의 손을 거치지 않고 일이 처리되기를 원했습니다. 시간은 곧 돈이라고 생각하게 되었기 때문입니다. 자동화는 여유를 주기보다 더 높은 생산성을 요구하게 만들었습니다. 사람들은 이전보다도 더 시간에 쫓기게 된 것입니다. 이제 기계들의 진화는 집 안에서 도란도란 이야기를 나누던 사람들의 목소리를 낮은 모터소리로 채웠습니다. 기계들은 소형화되었고 성능은 극대화 되었으며 생산성은 끊임없이 높아갔습니다. 손으로 직접 무엇인가 하는 것은 번거롭게 생각되었고, 기술 진화에 힘입어 기기들은 스마트해졌습니다.

3 누구도 너만큼 믿었던 적이 없어!

네가 있기에 나만의 시간이 가능해!

오늘날 집사의 이미지는 집안 대소사를 처리하는 능력에서 비롯되는 것이기 보다 집주인이 사망하더라도 대를 걸쳐가며 그 자녀들에게도 변함없는 마음으로 봉사한다는 것을 통해 이루어집니다. 이것은 흔한 일이 아니지만 대중문화를 통해 미화된 이야기입니다. 이미 언급했듯이 <배트맨>의 알프레드는 브루스 웨인 집안의 충성스러운 조력 이미지로 사랑받는 대표적인 집사입니다. 주인공 브루스 웨인의 부모가 살해된 뒤에도 알프레드는 브루스의 곁에서 한결 같이 책무를 성실히 이어 갔고, 알프레드와 브루스 간의 신뢰는 위기 때마다 여지없이 힘을 발휘합니다. 이러한 이상적인 관계는 오늘의 관객들에게 '깊은' 인상을 남기기에 충분합니다. 일생을 살면서 충성스러운 조력자를 곁에 둘 수 있음은 분명 행운 중에 행운이기에 그러할 것입니다. 영화 속에서나 가능한 집사의 충성과 그에 대한 신뢰는 오늘날 당연히 드문 일이지만 개인적으로나 사회적으로 보건데 과거에도 그러했습니다.

기술발전에 힘입어 집안의 기계들은 나날이 진화해 왔습니다. 사람들은 처음부터 끝까지 스스로 알아서 움직이는 자동기계들에 매료되었고, 사람보다 정확하고 생산력이 높은 기계의 성능에 환호했습니다. 기계에 대한 신뢰는 합리화란 명분으로 빠르게 생활양식에 파고들어 삶을 변화시켰으며, 사람들은 그 과정에서 발전을 거듭하는 기계들에 부단히 적응해야 했습니다. 그것의 미덕은 무엇보다도 효율성으로 인한 편리함이었으니, 몸의 움직임을 최소화 한 편리함에 대한 사람들의 욕구는 갈수록 커졌고 그 욕구를 충족시키기 위한 상품들은 끊임없이 개발되었습니다.

이러한 흐름에서 그 영향을 가장 많이 받은 곳은 집 안에서 주방일 것입니다.

주방은 집에서 노동력을 가장 많이 필요로 하는 공간이기에 합리화가 지속적으로 실현된 공간입니다. 주방의 합리화는 기계화를 뜻하며 곧 인간 노동의 최소화를 의미합니다. 그러므로 자동화된 기계덕분 주방에서 요구되었던 많은 일들은 꾸준히 감소되었습니다. 사람들로 북적이던 공간이 크고 작은 기기들로 채워지고 다양해지는 주방기기들에 대한 미적 감각은 높아만 갔으며 마침내 주방기기들의 디자인이 중시되었으며, 편리와 더불어 에너지 절약까지 고려하는 세련되고 똑똑한 기계들의 실용성이 강조되었습니다. 잔칫날이면 여지없이 익히거나 볶기 위해 삼사 구 가스레인지가 사용되고, 냉동 재료라 하더라도 전자레인지는 몇 분 만에 그것을 해동시키며, 싱싱한 채소와 야채를 위한 냉장고는 하루 종일 쉼 없이 가동될 뿐만 아니라, 아침에는 믹서기는 단 몇 초만에 신선한 주스를 만들어냅니다. 물론 식사한 후 산더미처럼 쌓인 그릇을 세척기에 차곡차곡 배열해 넣은 후 반 시간이면 설거지는 말끔하게 끝납니다. 이렇듯 다양한 기계들은 삶의 질과도 맞물려 편리한 생활을 위한 필수 조건이 되었습니다.

이러한 기술문화의 일상에서 사람들은 이제 혼자서 여러 가지 일을 동시에 처리할 수 있게 되었습니다. 이를테면 이불을 세탁기에 넣고 작동시킨 뒤, 전기주전자로 물은 끓이고 토스터에 빵을 구우면서 동시에 식기에다 버터, 잼, 커피 등으로 간단히 점심상을 준비하면, 불과 몇 분 이내로 빨래를 하면서 간단한 점심을 즐길 수 있게 된 것입니다. 물론 점심 식사를 하면서 음악을 듣는 여유를 갖다 보면, 어느새 세탁기는 저 할 일 다 했다고 삑삑 울어대기 시작합니다. 과거였다면 어떠했겠습니까! 이불 빠는 사람, 주방에서 점심 식사를 준비하는 사람, 식탁에 점심상을 차리는 사람 심지어 음악을 켜주는 사람 등 그것은 서로 다른 공간에서 여러 사람들의 손으로 이루어졌을 일들입니다. 그러나 지금은 한 공간에서 혼자 아주 짧은 시간에 모두 처리할 수 있게 된 것입니다. 부엌에서 사람들의 손길이 사라진 것처럼 사람들이 함께하는 시간들도 사라져갔습니다.

집안일의 기계화는 필요한 많은 일손을 덜어주었고 그간 인정받지 못했던 부엌일로부터 사람들을 자유롭게 해방시켜주었습니다. 또한 사람들은 나날이 발전하는 기계의 강화된 기능과 세련된 디자인에 현혹되어 기계에 대한 무한한 욕망을 갖게 되었습니다. 삶의 질을 높이기 위한다는 명분으로 세련된 주방에 대한 욕망을 충족시키기 위해 노동 현장으로 내몰리는 기현상이 생기기도 하였습니다. 이전에 사람의 손을 필요로 했던 일들이 기계에 의해 처리되고, 그에 따른 기계들의 무한 진화는 기능을 분화시키거나 통합시키면서 더 많은 기계들의 개발로 이어졌습니다. 집안 곳곳에서 기계들의 자리가 늘어나고 사물들로 채워지게 된 것입니다. 좁으면 좁은 대로, 넓으면 넓은 대로 사물들은 소유자의 풍요롭고 편리한 삶의 질을 대변하기에 이르렀습니다.

점차 사물들은 인간의 무한한 욕망과 그것을 절제하려는 소박한 삶 사이에서 줄다리기하게 만드는 대상이 되었지만, 사람들은 집안 살림에서 중요한 사물들의 조력에 힘입어 일할 수도 있고 쉴 수도 있었으며 사물들에 둘러싸인 혼자만의 시간을 즐길 줄 알게 되었습니다. 이로써 사물에 대한 사람들의 신뢰가 깊어갈수록, 사물들이 사람들의 개성적인 삶을 드러내었습니다. 사람들은 사물들에 마음을 두고 그만큼 사물들에 의지하며 심지어는 사물들이 있음만으로도 위안을 얻기도 합니다. 적지 않은 사람들이 하루 종일 사람들 속에서 북적이기보다 오히려 사물들 틈에서 조용히 자신만의 시간을 보내기를 원하고, 사물들은 혼자인 그를 위해 공간마다 조용히 자리를 지켜주기 때문입니다. 이런 까닭에 때로는 함께 한 시간이 긴 사물들에 대한 애착으로 인해서, 때로는 세련된 디자인과 강화된 기능에 대한 욕망으로 인해서 집안은 이제 사물들의 세상이 되었습니다. 사정이야 어떻든 오늘날 사물들은 묵묵히 자리를 지키며 주어진 역할을 충실히 행하면서 생활 속에 자리잡고 있습니다.

스마트한 세상과 나만의 집사!

오늘날 집안의 많은 사물들은 스위치 하나의 신호만으로도 맡은 일을 처리합니다. 지난 세기에 사람들은 스스로 알아서 일을 처리하는 이런 기계들에 대해 경탄을 금치 못했습니다. 그러나 사람들은 점차 그것에 익숙해지고 더 이상 감동하지 않게 되었습니다. 세상은 더 다양한 기능으로 무장하고 전자동으로 작동하는 사물들로 넘쳐났기 때문입니다. 심지어 사물들이 작동하는 동안에 사람이 개입해서 어떤 행위를 추가로

20세기 본격적으로 기계의 시대에 접어들면서 기계는 미학의 영역에서도 흥미로운 주제가 되었다.
페르낭 레제, 〈건설자들, 1950〉

해야 한다면 그것을 오히려 결정적인 단점으로 간주하면서 번거로움으로 받아들이게 되었습니다. 사람들은 자신이 무엇인가를 하지 않아도 기계가 알아서 일을 완전하게 처리하는 극단의 편리를 추구했고 기술의 진화는 인간의 욕망을 충족시켜 나갔습니다.

자동화의 진화는 편리와 효율을 추구하는 사람들의 욕망을 충족시키기 위해 사물들에게 보다 강화된 독립성과 관계성을 주었습니다. 이로써 각기 고립되어 있던 사물들은 마침내 서로 소통하면서 서로를 느끼고 반응할 수 있게 되었습니다. 이런 변화로 인해 사물들은 인간을 위해 스스로 정보를 수집하고 이것을 필요한 곳에 정확하게 전달하며 전달된 정보에 따라 한 치의 어긋남도 없이 주어진 일을 알아서 해낼 수 있게 되었습니다. 말하자면 인터넷에 항시 연결되어 있기만 한다면, 사물들은 그들의 세계에서 서로 소통하며 주변상황에 관한 정보를 주고받고 변화하는 상황에 민감하게 반응하면서 사람들에게 필요한 서비스를 매번 새롭게 제공할 수 있다는 것입니다. 이것은 바로 사물들이 주체가 되어 사람을 위한 서비스를 스스로 실행하는 것을 의미합니다. 이런 의미에서 이미 20년 전 니콜라스 네그로폰테는 "여기저기에서 디지털 집사가 등장할 것이며, 어느새 당신 주변에 보금자리를 틀게 될 것이다"[4]라고 예측했습니다. 또한 최근에 구글나우의 아파르나 체나프라가다는 "나는 내 비서가 사전에 나를 돕기 위해 모든 시간을 할애하길 원한다"고 말했습니다.[5]

사람들이 주목하게 된 사물들의 커뮤니케이션 중심에는 스마트폰을 비롯한 스마트기기들이 있습니다. 스마트기기들은 정보통신기술에 힘입어 아무도 없는 집 안에서 현관문의 잠금장치를 비롯하여 온도 조절기, TV, 전기렌즈 등 다양한 전자제품들에 대한 통제 프로그램을 통해 집 밖

---

[4]니콜라스 네그로폰테, ≪디지털이다≫, 백욱인 역, 커뮤니케이션북스 2008, 142쪽.
[5]전자신문, <스마트폰, 시키지 않아도 알아서...개인비서로 진화>, 2015.8.4.

에서도 가동시킬 수 있습니다. 과거 집사의 통솔 아래 일사분란하게 움직였던 것처럼 집안의 사물들은 스마트기기의 통제를 받으며 스스로 맡은 일을 처리하고 사람들을 위한 쾌적한 환경과 편리를 극대화하게 된 것입니다. 그래서 스마트기기는 소위 디지털 집사로 간주되고 있습니다. 사람들은 이제 ICT시스템을 통해 자신의 삶을 스마트하게 누릴 수 있게 된 것입니다.

디지털 집사는 사물들의 연결성을 활용하여 주인의 취향에 따라 서비스를 제공하면서 집주인으로 하여금 스마트한 삶을 향유케 할 것입니다. 이를테면 집주인이 퇴근해서 귀가할 때, 예전의 집사는 주인의 귀가 후에 예상되는 동선에 따라 자신이 해야 할 일의 순서를 사전 준비해 놓고 확인하면서 주인을 맞을 차비를 하였습니다. 그 외양이야 다르지만 내용에 있어서는 사물인터넷의 서비스도 별반 다르지 않을 듯합니다. 마치 집사가 알아서 통솔했던 집안일들을 이제는 스마트기기가 인터넷 네트워크에 연결된 사물들을 통제하면서 자동적으로 필요한 작업을 하도록 조절하는 것입니다. 전혀 드러나지 않으면서 작동되는 사물들의 행위는 아예 사물 자체의 존재여부를 의심케 할 정도일 것입니다.

그렇다면 디지털 집사는 집주인에게 어떠한 서비스를 제공할 수 있을까요?

집주인의 자동차가 집 가까이로 접근하고 있다고 가정해 봅시다. 자동차는 집에 접근 중임을 인터넷 네트워크를 통해 스마트 홈 디바이스에게 미리 알려줍니다. 디지털 집사는 그간 통계적으로 축적된 데이터를 활용하여 주인의 취향에 맞게 미리 온도조절장치를 조절해 놓고 창문을 열도록 센서를 자극해서 집안 공기를 환기시킵니다. 잠시 뒤 집주인의 차가 차고 앞에 다가서면 스마트 홈 디바이스는 이미 자동차의 움직임을 감지하여 차고의 문을 열게 하고, 이어서 집주인이 현관문 앞에 서면 그가 주인임을 확인한 뒤에 문의 잠금 장치를 열어주어 집주인을 맞이합니다. 만약 집주인이 퇴근 후 음악을 틀고 옷을 갈아입은 뒤 손을 씻고 커피를 즐기는 습관을 가졌다면, 스마트 홈 디바이스는 오디오를 켜서 커피포트를 작동케 할 것입니다. 집안 전체의 정보를 꿰뚫고 있는 디지털 집사는 사전에 파악해둔 주인의 정보를 활용하여 집주인의 쾌적한 일상을 위해 모든 것을 알아서 처리합니다. 이러한 디지털 집사의 스마트한 서비스는 사물들의 소통에 의해 완성되며, 이른바 사물인터넷의 시스템은 '나'만을 위한 디지털 집사에 의해 다양한 서비스를 제공하는 것입니다.

4 그러나 너는 심히 의심스러운 스토커야!

네가 모르는 이야기가 있을까!

사람들은 대부분 사물들에 대해 무관심하다고 할 수 있습니다. 그러면서도 갖고자 하는 마음은 한이 없어 주변은 물건들로 넘쳐납니다. 끊임없이 늘어난 사물들은 오래된 것은 오래된 대로 새것은 새것대로 항상 자신의 자리를 차지하며 늘 그 자리를 지켜 왔고, 사람들은 예외적인 경우를 제외하고는 그렇게 자리를 차지하고 있는 사물들에 익숙해져 거의 의식하지 못합니다. 물론 사물들에 대해 특별한 추억이 있거나 또는 소유욕을 자극할 정도로 특이하고 아름답거나 귀한 것이어서 상대적으로 자주 애착의 눈길을 받는 것도 있겠으나, 그 조차도 늘 변함없이 제자리를 지키고 있다면 사람들은 그것에 특별히 주목함 없이 그저 지나쳐버리곤 합니다.

그런 사물들에게 오늘날 사람들은 새로운 의미를 부여하게 되었습니다. 사물들이 그동안 침묵하고 고립되었으며 수동적으로만 존재했다면, 이제는 사람들을 위해 자기들끼리 소통하며 능동적으로 활동하고 더 나아가 인간과도 소통할 수 있는 대상으로 간주하려는 것입니다. 조절과 통제로 이루어진 인간과 사물 간의 관계를 활용하여 사람들은 사물들과 기꺼이 소통하고 그것을 통해 편리와 효율을 극대화하고자 합니다. 물론 이것을 생각해내기까지 많은 이야기들이 있을 것입니다. 그 중에 하나가 비즈니스 이노베이션의 이름으로 첨단기술에 투자를 아끼지 않는 자본의 이야기입니다. 복잡하게 얽혀 있는 이 이야기는 일반적으로 이해하기 어렵습니다. 다만 말할 수 있는 것은 자본은 자본에 대한 무한한 욕망을 감추지 않으며 그 욕망을 실현하기 위해 자신이 어떻게 해야 할지를 아주 잘 알고 있다는 것입니다.

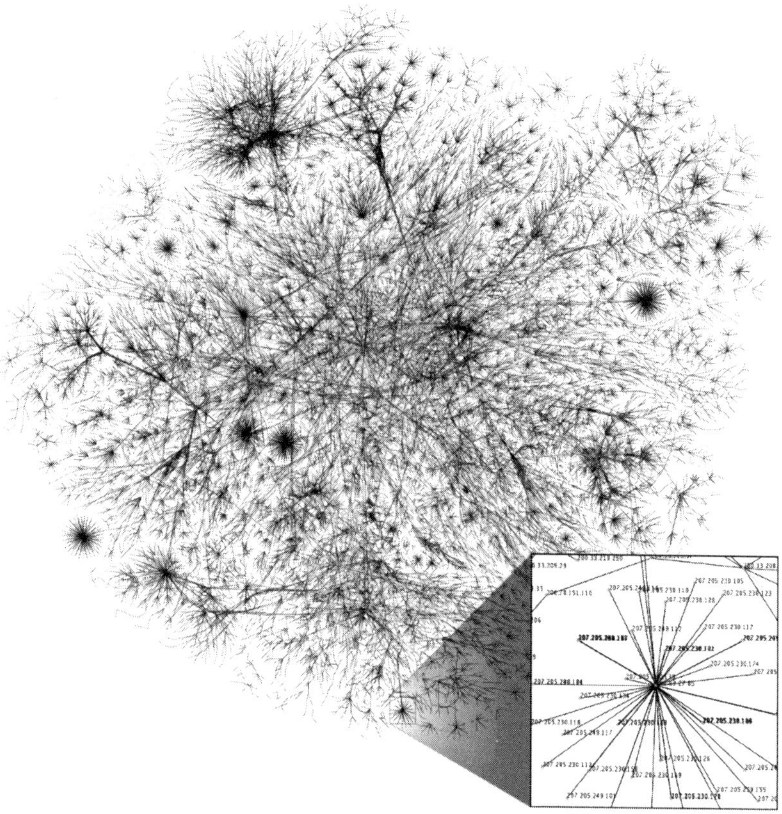

인터넷 일부를 시각화한 것

이제 혁신이란 이름으로 자본은 기술과 연합해서 새로운 길을 개척하고자 하며, 그 중심에 '나'의 데이터로 가치를 창출하는 정보가 자리합니다. 지난 세기에 이것은 아무 쓸모없이 무한대로 쌓여가는 데이터일 뿐이었습니다. 그러나 이제 사정은 달라져서 하찮은 정보도 경우에 따라서는 새로운 가치를 창출하는 자원으로 전환되고 있습니다. 말하자면 인터넷 네트워크 속에서 무심히 오갔던 모든 '나'의 활동은 정보로서 가치를 가질 수 있는 가능성을 가지며, 이것을 어떻게 활용하는가에 따라 정보시스템이 서비스시스템으로 전환할 수 있게 되고, 그 순간 '나'의 인터넷 서핑은 새로운 가치를 창출하게 되는 것입니다. 여기서 중요한 것은 나의 정보 노출과 그것을 활용하는 사물들의 소통입니다.

소위 사물인터넷은 곧 서비스인터넷이라 해도 과언이 아닙니다. 사물들이 인터넷 네트워크상에서 데이터를 전달하는 순간 데이터는 가치 있는 정보로 활용되고, 그것을 가능케 하는 인터넷은 사물들의 데이터 전달로 서비스를 창출하게 되기 때문입니다. 과거 집사는 집주인의 모든 것을 알아두었다가 주인의 상황을 고려해서 아랫사람들을 통솔하고 적시에 요구되는 일을 처리하면서 집안의 모든 일을 총괄했다면, 오늘날에는 스마트기기가 집주인에 관한 많은 정보를 가지고 있으며 그에게 최적의 서비스를 제공하기 위해 다른 사물들과 정보를 공유하면서 변화하는 주인의 상황을 수시로 체크하고 적응하도록 사물들을 서로 연동시킵니다. 이를테면 디지털 집사는 인터넷에 항상 접속하여 언제든지 집주인의 위치를 추적할 수 있고, 원격으로 집안 사물들과 소통하여 관리할 수 있으며, 주인의 일정이나 지인들의 연락처는 물론이고 E-메일을 비롯한 다양한 소통창구 또한 어렵지 않게 관리할 수 있습니다.

이렇게 디지털 집사는 주인의 가족은 물론이고 친구를 비롯한 사회적 관계, 은행을 비롯한 금융상황 및 심지어 메시지로 표출되는 감정 상태나 취향 등 주인에 관해서는 모르는 것이 없을 정도입니다. 이런 상황에서 주인이 디지털 집사에게 숨길 수 있는 이야기는 많지 않을 것입니다. 오히려 디지털 집사는 주인 자신도 모르는 그의 버릇을 비롯해서 다양한 일들을 더 잘 알고 있을 수 있습니다. 따라서 디지털 집사는 주인에 관한 많은 데이터들을 주인의 상황에 따라 다양한 서비스를 제공하기 위해 사용할 것입니다. 그러나 과거의 집사와 달리 디지털 집사는 집 안에서 뿐만 아니라 집 밖에서도 어디에서나 항시 주인에게 서비스를 제공할 것이며 필요하다면 언제든지 사물들과 연동해서 주인의 편리를 추구할 것입니다. 바로 여기에 위험이 있는 것입니다.

문제는 단연 모든 것을 연결시키는 인터넷입니다. 사물들의 소통이 가능해지면서 인터넷 네트워크의 중심은 더 이상 사람이라 단언할 수 없게 되었습니다. 이제 연결의 또 다른 축은 사물들 간에 이루어지고 있으며 사물들 간의 연결에서 매개역할을 담당할 디지털 집사는 사람들과 사물들 사이에서 여러 기능들을 수행할 것이고 다양한 관계들의 중심에 서게 될 것입니다. 그것은 주인에 관한 많은 데이터를 공유하는 것에서 이루어질 것입니다. 데이터 공유와 함께 사물들이 항시 인터넷 네트워크에 연결된다면, 의사소통은 더 이상 사람들이나 동물들만의 고유 권리라 할 수 없게 되는 것입니다. 따라서 스마트한 삶은 사람들의 소중한 개인 정보를 기꺼이 사물들과 공유하고 인터넷에 연결되어 있을 때 가능하며, 여기서 스마트기기는 공유된 정보를 축적하여 활용하는 것입니다.

"당신의 패를 보여주십시오!
그러면 당신을 위해 모든 패를 보여드리겠습니다!"

사람들은 자신이 얻고자 하는 것을 얻기 위해 기꺼이 요구하는 정보를 먼저 주어야 합니다. 그래야 비로소 정보를 매개로 사물들과 소통하면서 편리한 서비스를 제공받게 됩니다. 무엇보다도 자질구레한 일들은 디지털 집사가 모두 처리해주니 낭비하기 쉬운 시간과 에너지를 절약할 수 있을 것이며 조금은 더 편리하고 질적으로도 나아진 '나'의 삶을 향유할 수 있도록 그에 합당한 서비스를 받게 될 것입니다. 그러나 그것이 다는 아닙니다. 그것을 위해 내놓았던 나의 정보들이 내게 반란이라도 하듯이 나로 하여금 원치 않은 일을 감당하도록 강요할 수도 있기 때문입니다. 이런 의미에서 디지털 집사는 때에 따라서는 스토커로 급변할 수 있는 것입니다.

디지털 집사의 또 다른 얼굴은...

인터넷 네트워크가 사물들에게도 열리면서 디지털 집사는 자신에게 허용된 장을 최대한으로 활용하여 주인을 만족시킬 수 있는 합당한 일들을 스스로 판단하고 처리합니다. 시간이 갈수록 디지털 집사의 '정확한' 충실함은 궁극적으로 집주인의 삶의 질과 직결될 것입니다. 이 때문에 집주인들은 더 똑똑하고 인간적일 수 있는 고성능의 디지털 집사를 '고용'하기 위해 더 많은 돈을 지불할 것이며 그 만족도는 투자한 만큼 높아질 것입니다. 그런데 자의든 타의든 '반전'은 없을까요? 충실한 디지털 집사라도 예기치 않은 '배반'이나 '실수'는 없을까요?

인터넷에 쌓여가는 정보는 엄청난 양으로 증대되고, 그 속에서 무수히 많은 관계와 교류가 이루어집니다. 사람들은 종종 언제 어디서 어떤 것을 주고받았는지 파편같이 여기저기 흩어져 있는 자신의 정보들을 까맣게 잊을 것이며, 그 정보들은 때로는 누군가의 손에 들어가 음성적으로 팔려져 활용될 수도 있고 때로는 어딘가에서 영원할 것 같은 잠에 빠져들 수도 있습니다. 그러기에 자신도 모르게 어딘가로 흘러든 그 정보들은 예기치 않은 상황을 야기시킬 수 있는 것입니다. 사소하게는 느닷없이 광고장이 날아들어 끊임없이 스트레스를 일으킬 수 있으며, 심각하게는 사기꾼의 술수에 걸려들어 금전상의 손실을 입을 수도 있습니다. 물론 디지털 집사는 모두 꼼꼼히 관리할 것입니다만, 문제는 예기치 않게 일어날 가능성입니다.

더욱이 모든 것을 맡은 디지털 집사는 사실 막강한 영향력을 발휘할 수 있습니다. 경제에서 사회생활에 이르기까지 다양한 서비스로 주인의 삶에 깊숙이 관여하기 때문입니다. 디지털 집사는 스토커처럼 자신이 알고 있는 주인의 상황을 매번 민감하게 간파하고 평상시의 주인이라면 이럴 것이야 라는 확신에 따라 주인을 '위한' 행동을 취할 것입니다. 그러므로 디지털 집사는 매 순간 주인을 위해 자신이 무엇을 어떻게 할 것인지를 너무도 잘 알고 있기에 일거수일투족을 감시하듯 일일이 간섭하고 결정하려 할 것이며, 시도 때도 없이 자신의 견해를 제시하여 주인을 불쾌하게 만들 수도 있습니다. 디지털 집사의 똑똑한 관리가 오히려 스마트기기를 디지털 스토커로 만들면서 사람들은 그 앞에서 무기력해지는 것입니다.

사실 따지고 보면 사람은 때때로 엉뚱한 존재이기도 합니다. 그러기에 논리적으로 설명할 길 없는 일도 사람은 아무렇지 않게 하기도 합니다. 그러나 디지털 집사에게 이것은 이해하기 어려운 일입니다. 만약 주인이 뜬금없는 생각으로 전혀 예기치 않은 일을 하고자 할 때, 디지털 집사는 자신의 데이터에 들이대며 주인의 불합리한 결정을 조목조목 분석해서 논리적인 잣대로 평가하고 재결정을 요구하면서 자신의 데이터를 고집스럽게 주장하게 될 것입니다. 마치 <아이 로봇>에서 나오는 중앙컴퓨터

영화 〈I Robot〉에서 중앙컴퓨터 비키는 어리석은 인간을 보호하기 위해 어느 정도의 희생을 치러야 한다는 논리로 인간을 통제하려 한다. 이를 위해 비키는 "죄송합니다. 데이터가 손실되었습니다"라는 거짓말까지 합니다.

비키가 인간의 멸망을 막고 보호한다는 명분으로 인간의 비합리적인 생각과 행위를 제지하기 위해 부분적인 자유제한이 불가피하다고 주장하듯이 말입니다. 물론 주인의 기분과 상황에 따라 디지털 집사의 작동을 정지시킬 수도 있습니다. 그러나 이미 서비스에 익숙한 상황에서 짧은 시간이라 하더라도 그 또한 다른 불편을 감수해야 하기 때문에, 디지털 집사의 활동을 자주 제지할 수 없을 것입니다. 이런 정도로 디지털 집사는 매 순간 자신의 결정을 말없이 제시할 것이고, 그것을 거부하는 행위로서 스위치를 끄거나 프로그램을 새로 입력하지 않는 한 자신의 견해를 항시 충실하게 제시할 뿐 철회하는 일은 없을 겁니다.

중요한 것은, 디지털 집사가 항시 인터넷에 연결되어 있는 탓에 그의 충실함이 역작용될 수 있다는 것입니다. 때로는 의도하지 않았지만 오랜 시간동안 쌓인 일의 과부화로 둔화되어서 또는 새로 들여놓은 다른 사물들과 균형을 맞추지 못하는 부적응으로, 때로는 대응할 수 없는 고단수의 외부 감언이설에 넘어가서 무기력하게 정보들을 내어주는 등 말입니다. 이러할 경우 디지털 집사는 고약한 디지털 스토커로 돌변하여 주인에게 재산상의 문제를 비롯해서 사회생활에 이르기까지 많은 피해를 입힐 수 있을 것입니다.

보안이 강화된다 하더라도, 주인이 디지털 세계에 친숙하지 못할 경우에 디지털 스토커가 출현할 가능성은 적지 않습니다. 사소한 실생활의 경우 어디를 가든지 무엇을 하든지 디지털 스토커는 존재를 드러내는 스트레스의 주범이 될 수도 있는 것입니다. 그로 인해 혹자는 공포심마저 가지게 되고 그것을 꺼릴 수 있으며, 이를 최소화하기 위해 애초부터 다른 대안을 강구할지도 모릅니다. 디지털 스토커로부터 자유롭기 위해 더 충실하고 더 똑똑한 디지털 집사를 구하려 하고 그것을 위해 더 많은 돈을 지불하는 것도 마다하지 않게 될 것입니다. 극단적인 경우에는 아예 디지털 집사 없이 자력으로 자연적인 삶을 살고자 할 수도 있습니다. 그렇다 하더라도 디지털 집사의 충성은 사람들의 삶에 많은 영향을 미칠 것이며 그만큼 디지털 집사와 사람들 간의 의사소통은 더 긴밀해지고 디지털 집사에 대한 사람들의 욕망은 결코 줄어들지 않을 것입니다.

5 이제 우리는... 나는 뭘 할 수 있지?

매 시대마다 사람들은 말합니다. 세상이 많이 변했다고... 그래서 익숙해 있던 세상은 더 이상 예전 같지 않다고 말입니다. 역사를 돌아보면 세상은 한 순간도 변하지 않고 그대로 있었던 적은 없었던 것 같습니다. 그런데 말입니다, 사실 세상이 변한 것이 아니라 사람들이 세상을 변화시킨 것입니다. 사람들은 더 나은 삶을 위해 부단히 노력해 왔고, 자신들의 손으로 기계문명을 진화시켜 왔으며 오늘날에도 그 욕망은 약화됨 없이 오히려 배가되고 있습니다. 그 한 예가 가상현실입니다. 사람들은 자신의 공간을 실제 너머로 가상화하여 확장해 놓았습니다. 열려진 가상세계에서 서로 소통한 지가 얼마 되지 않아 사람들은 이제 그 안에서 사물들의 자동화를 위해 새로운 시스템을 갖추고자 합니다. 더 편리하고 개선된 삶을 위해 자신들의 손으로 이루어낸 이 세상을 사물들의 적극적인 동참에 근거한 새로운 생활체계로 완성하려는 것입니다. 그것을 통해 사람들은 디지털 스토커를 감수하고서라도 스마트한 시대를 꿈꾸고 있는 것입니다. 금세기의 사람들은 디지털 집사의 봉사를 통해서 이상화된 세상을 누리고자 합니다. 사람만이 중심이던 시대는 가고 사람과 사물의 공존시대가 오는 것입니다. 사람들은 집주인으로서 디지털 집사와 어떤 관계를 이루어야 하는가를 고심하게 될 것이고 그것에 의해 삶의 질이 좌우될 지도 모르겠습니다.

이제 사람과 사물, 집주인과 디지털 집사 그리고 디지털 스토커까지 새로운 관계로 들어서게 되었습니다. 사물들도 사람들의 삶에 주체적으로 참여할 수 있을 것이고, 디지털 집사와 디지털 스토커 사이에서 팽팽한 긴장을 경험하게 될 것입니다. 그로 인해 노동, 삶의 질, 안락한 집 또는 쇼핑 등의 많은 개념들이 재개념화를 요구할 수도 있습니다. 사물들의 소통이 보편화된 시대에 사람들은 이전보다도 사물에 대한 의존도가 증가할 것이며 이전보다도 더 개인주의가 극대화될 것이며, 급기야 집값이 전자동화와 맞물릴지도 모릅니다. 디지털 집사가 유능하면 유능할수록 그것에 의존하게 되는 사람들은 비자립적 의식을 갖게 되지나 않을까 우려됩니다. 마치 핸드폰을 손에 쥐게 된 이래로 전화번호를 더 이상 외우려 하지 않는 것처럼 말입니다.

시간이 갈수록 디지털 집사를 포함해서 사물들은 데이터를 통한 자신의 활동에서 자립성을 획득할 것이며 그 자립성은 완전히 주인의 취향에 맞추어질지도 모릅니다. 그러기에 사람과 사물 사이에 구축된 관계는 마치 헤겔이 간파해 낸 주인과 노예 간의 역전 관계로 전개될 수 있습니다. 어쩌면 이러한 관계는 이미 부분적으로 진행되고 있으리라 생각됩니다. 사물들의 소통에 의존하는 삶에서 사람보다 기계를 더 신뢰하고 매사에 디지털 집사를 통하지 않는 일이 없게 된다면, 주인과 노예의 변증법이라는 것은 생생한 현실로 이루어질 것입니다. 그로 인해 사람들은 점차 사물로부터 인간의 자유를 아주 진지하게 생각해야만 할 것이고 사물들에 대한 의존으로부터의 자유를 선언하게 되지 않을까요!

사람들은 문명화 과정에서 오랜 시간동안 자신들을 위한 시스템을 구축해 왔습니다. 그리고 늘 독백처럼 되뇌었습니다. 그 모든 것은 인간을 위한 것이 되어야 한다고... 그러나 세월이 가고 기술문명이 가속화되면서 인간이 만들어 놓은 시스템에 인간만이 존재할 수 없게 되었습니다. 시스템을 가동시키기 위해 인간은 많은 사물들을 만들었고, 그 사물들도 그 시스템의 일원이 되었기 때문입니다. 심지어 사람들은 편리를 위해 사물들이 그 시스템을 끌어가도록 맡겨버리기까지 합니다. 이로써 사람들 간의 관계보다도 사람들의 삶을 생각하는 사물들의 관계가 사람들의 생각 중심에 서게 될지도 모릅니다. 그래서 사물들의 관계 속에 묻히게 된 사람들은 자연히 개인주의를 더욱 강화할 것입니다. 주변에 모든 것이 '나'를 중심으로 움직인다는 생각이 더욱더 강하게 작용할 수 있기 때문입니다. 집주인이 스스로 생각하기도 전에 사물들이 그를 위해 먼저 모든 것을 선택해 놓을 수 있으니 말입니다. 그것이 마냥 좋기만 할까요? 사물들이 결정하는 시스템을 통해 인간의 삶이 완성되는 시대가 오면 사람들은 무엇을 결정해야 할까요? 아니 사람들은 이제 무엇을 할 수 있을까요? 어쩌면 사물들의 도움 없이는 아무 것도 할 수 없게 될지도 모릅니다. 마치 2008년 상영된 영화 <월-E>에서 노동과 무관한 삶을 즐기기만 하는 무능한 사람들의 모습이 보여주듯이 말입니다.

그러나 사람들이 그런 삶을 진정으로 원할까요?

디지털 집사를 둘러싼 시스템이 견고해질수록 삶의 전반에 걸쳐 자동화 시스템은 주도면밀하게 가동될 것입니다. 혼자 사는 노인의 경우는 그것이 오히려 더할 나위 없이 고마운 일이 될지도 모르겠습니다. 물론 상황은 조금 더 복잡해질 수도 있으며, 사회 내부에서 지금보다도 사람들 간의 소통이 더 높은 가치로 평가될 수 있습니다. 디지털 집사와의 소통보다 사람 대 사람의 소통이 높은 가치를 가지면, 집사는 사람들에게 선호직업으로 분류되고 부유층에서나 가능한 고소득을 보장할 것입니다. 이 글의 초입에서 이미 기사를 통해서 제시되었던 것 이상으로 말입니다. 특히 소수의 부자들이나 권력을 가진 사람들은 초기에는 디지털 집사를 많이 활용할 수 있습니다. 무엇보다도 그들의 호기심이 충족될 것이며, 편리함은 물론이고 그것을 위해 지불할 수 있는 능력이 충분하기 때문입니다. 그러나 시간이 갈수록 그들은 많은 경비를 지불하더라도 사람 집사를 선호할 것입니다. 마치 손으로 작업한 물건의 값이 더 나가듯이 사람 손에 의해 서비스를 받는 것 자체가 점차 흔한 일일 수 없게 될 것이기 때문입니다. 앞으로 많은 일들이 계층구조 간의 차이를 보이며 이런 식으로 반영될 것입니다. 부와 권력은 기계보다 사람을 선호할 것이며, 그에 따른 경비를 감당할 수 없는 사람들은 대중화된 디지털 집사를 애용할 것입니다. 디지털 집사가 안겨주는 편리한 세상은 기계적 계산에 따른 것이지만, 인간적인 계산으로 그것은 한계가 있기 때문입니다. 이런 의미에서 사물인터넷 시대는 인간의 손길이 향수처럼 그리운 시대의 도래를 의미할 지도 모릅니다.

02

사물인터넷으로 시작되는 제4차 산업혁명

김인숙

02 사물인터넷으로 시작되는 제4차 산업혁명

김인숙

1 왜 사물인터넷인가?

사물인터넷(IoT, Internet of Things)은 사물인 기계와 설비가 서로 소통함을 뜻합니다. 어느 날 TV에서 복면가왕을 보던 고객은 자신만의 청바지를 갖고 싶어졌습니다. 곧바로 주문합니다. 국카스텐 보컬 하현우 사진이 새겨진 세상에서 딱 하나만 존재하는 청바지입니다. 핸드폰 주문내역을 받은 공장설비는 척척 알아서 고객이 원하는 청바지를 만들어 냅니다. 사물인터넷으로 연결된 기계들이 모듈방식으로 청바지를 제작합니다. 마치 레고로 기차를 만들 듯이 기계들은 단 하나뿐인 주문제품을 만듭니다. 다음 날 택배로 배달된 청바지를 입고, 주문고객은 홍대 앞 국카스텐 저녁 공연을 보러갑니다. 맨 앞줄에 서서 자신이 주문했던 청바지를 입고 한층 흥에 겨워합니다. 바로 이것이 사물인터넷으로 연결된 공장의 장점입니다. 공장에서 주문생산이 가능해진 것입니다. 주문한 청바지 가격이 백화점 구매가격과 비슷해서 더욱 만족합니다. 공장과 직거래를 한 셈이기에 구매가격에서 물류 및 유통 비용이 생략되었기 때문입니다.

이렇게 제4차 산업혁명은 시작합니다. 인터넷에서 비롯된 정보통신혁명이 제조업 공장과 만나는 것입니다. 개인 맞춤형 주문이 대량생산을 하는 공장에서도 가능합니다. 공장에 있는 기계와 설비에 인터넷 주소가 주어집니다. 인터넷 주소가 부착된 기계들은 서로 정보를 실시간으로 정보를 교환할 수 있습니다. 사물인 기계들의 정보교환을 사물들의 인터넷, 즉 사물인터넷이라 표현합니다. 사물들에 관한 정보는 또한 디지털로 전환됩니다. 실제 현장인 공장의 모든 설비들은 디지털 쌍둥이 혹은 디지털 아바타를 형성할 수 있습니다. 즉, 물리적인 세계와 사이버 세계가 연결되는 사이버물리시스템(Cyber Physical System)이 구축되는 것입니다. 이 공간에서 실시간으로 시뮬레이션이 가능합니다. 디지털 시뮬레이션은 실제 공장에서의 모형생산과 관련된 작업을 생략하게 해줍니다. 가상공간에서 가능하기 때문입니다.

이는 곧 빠르게 제품을 생산할 수 있음을 뜻합니다. 사물인터넷의 요구사항에 따라서 유연하게 조립할 수 있는 공정설비는 차별화된 서비스를 제공할 수 있습니다. 마치 장난감 레고 모형처럼 고객이 원하는 단 하나뿐인 맞춤형 제품을 만들어냅니다. 시장에서 빠르고, 값싸게, 차별화된 제품을 원하는 소비자를 만족시킵니다. 바로 사물인터넷은 이러한 소비자 욕구를 반영한 제4차 산업혁명을 가능하게 합니다. 더 나아가 사물인터넷은 스마트 공장, 스마트 홈, 스마트 그리드, 스마트 운송, 스마트 도시를 만들어냅니다.

바로 제4차 산업혁명을 가능하게 해주는 핵심은 사물인터넷입니다. 사물인터넷은 우리에게 우리의 개별적인 취향과 관심을 반영한 차별화된 스마트서비스를 제공해줍니다. 이것은 대량생산과 대량소비에서 개인화된 소비로 변화해가고 있음을 뜻합니다. 앞으로 생산자와 소비자는 사물인터넷의 영향을 더욱 더 많이 받게 될 것입니다. 최종 수요자는 생산자에게 네트워크를 통해서 자신이 원하는 것을 직접 명확하게 표현할 것입니다. 즉 자신이 원하는 바로 그 시간에 제품 서비스를 받을 것입니다. 이제 생산자는 제조 및 유통 부문에서 걸리는 시간을 획기적으로 줄이고, 점점 더 강해지는 개인화 욕구에 더욱 유연하게 대응할 것입니다.

2 제4차 산업혁명은 무엇인가?

독일은 정보통신혁명의 산물인 사물인터넷을 자신의 강점인 제조업에 접목시켰습니다. 그 결과는 바로 제4차 산업혁명(Industrie 4.0)입니다. 이는 제조업 현장의 기계 설비들이 인터넷으로 연결됨을 뜻합니다. 앞으로 기업들의 협력, 제품과 서비스 제공 등이 큰 폭으로 변화할 것입니다. 이제 데이터를 똑똑하게 파악하고 평가하는 일이 중요해집니다. 이러한 변화는 곧 모든 사람에게 위기인 동시에 새로운 기회일 수 있습니다. 새로운 사업모델에서 중요한 점은 고객의 개별적인 요구를 찾아내는 일입니다. 센서가 장착된 스마트한 제품들이 전 생애주기에서 수집하는 정보는 또 다시 제품개발에 반영됩니다.

그 과정에서 사물인터넷은 사물과 사물, 사물과 사람을 연결합니다. 더구나 서로 다른 업종을 연결하는 이종교배 방식이 높은 부가가치를 창출합니다. 하나의 업종에서 누릴 수 있는 상대적인 경쟁력은 그리 오래 누릴 수 없기 때문입니다. 서로 다른 업종과 기업이 만나서 전혀 새로운 부가가치를 창출하는 것이 경쟁력에 유리합니다. 대표적으로 디지털혁명과 제4차 산업혁명은 기계설비, 정보통신, 전기전자 업종을 만나게 합니다. 제조설비에 소프트웨어를 입히고, 전기전자로 연결하는 모형입니다. 디지털 아바타를 만들어서 개별적인 제품을 빠르고 값싸게 만드는 것입니다.

서로 다른 업종의 네트워크는 오픈 플랫폼(Open Platform)에서 이루어집니다. 어느 한 기업 혹은 어느 한 업종으로는 운영되는 플랫폼은 폐쇄적일 수 있습니다. 하지만 다양한 기업과 업종이 만나는 플랫폼은 그 속성상 개방형 성격을 가집니다. 더구나 네트워크 역시 살아 움직이는 생물과 같습니다. 고정된 방식을 벗어난 임의적인 네트워크(ad-hoc networking)

형성이 바로 그 예입니다. 이 안에서 사람과 기계는 수시로 만나고 수시로 헤어집니다. 새로운 프로젝트와 새로운 사업모델은 그에 따른 새로운 네트워크를 임의적으로 형성합니다. 엄청난 속도로 변화하는 시장수요에 유연한 네트워크로 시시각각 대응해야 합니다. 자신만의 공장설비로는 이에 대응할 수 없습니다. 급격히 증가한 시장수요는 곧바로 급격하게 감소한 시장수요로 변할 수 있습니다. 자신의 사업장을 확장하거나 새로 짓는 일은 매우 위험한 선택입니다. 다른 기업의 공장과 공동으로 생산할 수 있는 협력하는 능력이 필요한 것입니다. 이 상황에서 플랫폼은 개방형을 추구합니다. 누구나 들어올 수 있고, 그 어느 누구와도 새롭게 협력할 수 있는 하나의 연결 장소입니다.

이렇게 제4차 산업혁명은 수많은 시스템과 설비 및 공구들을 수시로 연결하는 시스템입니다. 이 연결 능력이 바로 시스템 혹은 생태계의 경쟁력으로 표현할 수 있습니다. 의사소통 플랫폼에서는 소비자가 원하는 서비스가 무엇인지를 파악하는 것이 중요한 과제입니다. 바로 새로운 부가가치를 창출하는 비즈니스 모델입니다. 따라서 사물인터넷을 이용한 제조업 생산은 이제 새로운 의사소통 방식으로 이루어질 것입니다. 수많은 공급자와 협력업체, 경쟁사, 소비자, 연구자, 학자 등이 연결됩니다. 플랫폼에서 만납니다. 이는 시장의 구조 자체가 변화함을 뜻합니다. 수익창출의 배분, 가치창출, 협력 등의 구조적인 요소들이 새롭게 등장합니다. 실시간으로 새로운 생태계를 조성하는 작업입니다. 어느 한 기업의 경쟁력을 넘어서, 협력업체를 포함한 기업군의 경쟁력을 넘어서는 작업입니다. 이제는 기업을 둘러싼 총체적인 생태계의 경쟁입니다.

3 디지털사회의 소비자 의사결정

차별화되고 개인화된 소비욕구

사물인터넷은 글로벌세계에서 실시간 의사소통 플랫폼을 제공합니다. 엄청난 역동성으로 사업프로세스 전체를 변화시킵니다. 생산자는 자신의 협력파트너와 긴밀한 관계를 유지할 것이며, 고객과의 만남 기회도 늘릴 것입니다. 차별화된 제품과 서비스를 실시간으로 제공합니다. 제품과 서비스 배송 역시 소비자가 원하는 바로 그 시간에 제공됩니다. 제품 기획단계에서 서비스 제공까지의 시장 공급시간(time to market)이 현저하게 줄어듭니다. 디지털 아바타에서 시뮬레이션이 가능하고, 그 결과를 현장의 기계설비에서 구현할 수 있기 때문입니다. 혁명적인 변화는 자동차산업, 항공, 특정한 기계와 설비 및 부품에서 이미 일어나고 있습니다.

대량생산의 체제에서도 끊임없이 변화하는 소비자의 개별적인 욕구를 반영할 수 있게 된 것입니다. 소량생산 혹은 단품생산이 가능하고, 가격 역시 대량생산과 큰 차이가 없어야 함을 뜻합니다. 이 요구는 생산자에게 엄청난 도전입니다. 시장에서의 경쟁압박은 더욱 더 심화되고 있습니다. 제조업 생산자가 아직까지 전혀 경험하지 못했던 상황입니다. 바로 제4차 산업혁명의 위기이자 동시에 새로운 가치를 창출할 수 있는 기회인 것입니다.

〈표 1〉 제4차 산업혁명 시대의 시장변화

글로벌 시장 변화	기업의 생존전략
짧아진 혁신주기, 더욱 복합적인 제품	시장출시 시간 줄이기, time to market
개인화 된 대량생산, 시장의 급격한 변화	보다 높은 유연성, 모듈화 된 공정, 생태계 경쟁력 제고
에너지와 자원의 효율성이 경쟁력의 핵심요소	제품과 공정의 효율성 제고

자료: Siemens 기업 홈페이지(2015), www.industry.siemens.com

사물인터넷은 이제 사람과 사람의 연결을 넘어, 사물과 공구 및 기계 설비를 연결합니다. 앞으로 수요자 욕구는 급변할 것이고, 고객 주문량도 크게 달라질 것입니다. 이에 제조공정은 재즈음악처럼 상황에 따라 변화하는 탁월한 유연성을 가져야 합니다. 모듈방식으로 제품을 생산하는 것입니다. 제품디자인, 기획, 엔지니어링, 제조공정, 서비스 전체가 하나의 통으로 연결됩니다. 유연한 공정 조합, 다른 기업과의 협력, 소비자와의 직접적인 의사소통이 대표적인 특성입니다. 이 능력은 곧 협력하는 능력, 생태계 경쟁력으로 표현할 수 있습니다. 바로 제품, 서비스, 기업의 글로벌 경쟁력과도 연결되는 능력입니다.

깜짝 파티와 사물인터넷

사물인터넷은 우리에게 멋진 생일파티를 선물합니다. 초대하는 사람의 취향에 따라 컵을 다양하게 주문할 수 있습니다. 서로 다른 색깔과 크기의 컵에 초대받은 사람들의 이름을 새겨 넣을 수 있습니다. 소비자는 핸드폰으로 원하는 컵을 주문합니다. 이에 스마트 공장은 생산라인에서 서로 다른 기계설비 조합을 조절할 수 있습니다. 서로 다른 조합은 소비자가 원하는 바로 그 스마트한 서비스를 제공할 수 있습니다. 24시간 이내에 온라인 주문과 생산 그리고 배송이 이루어집니다. 차별화된 고객욕구를 대량생산 공장에서 합리적인 가격으로 충족시킬 수 있습니다. 각종 센서가 부착된 기계설비들은 사물인터넷으로 다양한 제품을 생산할 수 있습니다. 미래에 실현가능한 사례를 아래와 같이 표현할 수 있습니다.

아침 9시에 우리 팀의 국제대회 본선 진출이 확정되었습니다. 우리는 오늘 저녁 깜짝 파티를 기획했습니다. 10명 팀원은 아주 개성이 강한 친구들입니다. 그들의 독특한 개성을 고려하여 핸드폰으로 각기 다른 맥주잔 10개를 주문했습니다.

자신의 이름이 새겨진 세상에서 단 하나 뿐인 맥주잔입니다. 가늘고 긴 유리컵, 손잡이가 있는 두꺼운 유리컵, 아연으로 만들어진 두툼한 맥주잔, 도자기로 만든 통통한 맥주잔 등등.. 길고 짧고, 가늘고 굵고, 색깔이 다르고, 재질이 다른 컵입니다.

오후 5시에 각기 다른 10개의 맥주잔이 배달되었습니다. 친구들은 자신의 이름이 새겨진 그리고 자신이 좋아하는 모양이 새겨진 컵을 보고 아주 좋아했습니다. 이렇게 저녁 깜짝 파티는 자신의 맥주잔을 화제 삼아 흥미진진하게 시작되었습니다.

이제 우리는 이러한 깜짝 파티와 같은 스마트한 서비스를 누릴 수 있을 것입니다. 바로 이러한 스마트서비스를 스마트한 공장설비에서 사물인터넷이 제공합니다. 서로 다른 재질의 10개 컵 모두를 하나의 생산라인에서 만듭니다. 고객주문이 인터넷으로 접수되면 기계설비는 스스로 필요한 소재를 주문합니다. 기계설비 대기시간을 고려하고, 에너지와 자원사용을 최소화합니다. 필요할 경우 다른 공장의 설비를 빌리기도 합니다.

이러한 상황판단과 실시간 최적화된 의사결정을 지원하는 것이 바로 사물인터넷입니다. 기계 설비들이 서로의 상황을 소통하면서 최적화된 의사결정에 도달하는 것입니다. 교통상황과 소재구입의 어려움을 반영하여 작업순서도 실시간으로 조정합니다. 유리컵을 먼저 만들거나, 다른 소재의 컵에 먼저 이름을 새기는 방식입니다. 각각의 기계설비에 부착된 센서는 자신의 상황을 전달하고, 그 상황을 반영하여 의사결정을 최적화하는 방식입니다.

사물인터넷과 플랫폼 방식 의사소통

사물인터넷은 앞으로 엄청난 데이터를 만들어낼 것입니다. 미래사회는 더욱 더 많은 통신망과 보안 및 안정성을 요구할 것입니다. 또한 수많은 사람들이 개방된 플랫폼을 이용할 수 있는 사회입니다. 이러한 사회에서는 집단지성의 지혜가 필요할 뿐 아니라 일반대중의 지혜도 필요하게 됩니다. 지금은 첨단기술과 공급이 과잉인 시대입니다. 만들어진 제품의 70% 이상은 시장에서 고객을 만나지 못하고 있습니다. 고객이 원하는 제품과 기술을 반영하지 못했음을 뜻합니다. 일반대중의 지혜는 곧 시장에서 고객의 욕구를 알아냄을 전제로 합니다. 새로운 첨단기술, 새로운 제품과 서비스 그 중심에는 사람이 있습니다. 우리가 원하는 서비스, 원하는 가치가 무엇인가에 대한 물음입니다.

따라서 제4차 산업혁명 시대라고 불리는 미래사회의 성공적인 안착은 플랫폼 방식의 의사결정이 중요해집니다. 다양한 사람들의 의견이 지속적으로 피드백 받을 수 있는 공간이 필요하기 때문입니다. 여기에서 핵심은 결국 의사소통입니다. 인간과 인간 그리고 인간과 사물, 더 나아가 사물과 사물을 연결하는 의사소통에 그 답이 있습니다. 새로운 사업모델을 구상하고 도출하는 작업입니다. 단순하게 개별적인 첨단기술에 국한하는 것과는 구별되어야 합니다.

첨단기술 그 자체가 목적이 아니라 우리가 원하는 스마트한 서비스를 제공하는 것이 목적입니다. 플랫폼 방식의 Open Innovation은 소비자의 취향을 초기 설계단계에서 반영하게 합니다. 표준, 규격, 법률 모두 다 초기단계에서 관련된 사람들의 의견이 반영되어야 합니다. 상거래에 따른 의무를 규정하는 표준과 규정 역시 이 과정에서 합의되어야 할 것입니다. 기업과 소비자는 실시간으로 소통할 수 있습니다. 소비자는 이제 기업이 준비하고 있는 제품이나 서비스에 유용한 콘텐츠나 아이디어를 제공할 수 있게 된 것입니다. 정보통신혁명은 사람과의 인터넷, 사물과의 인터넷을 통해서 서비스 인터넷을 만들었기 때문입니다(김인숙·남유선, 2016).

인간은 기본적으로 자기 스스로 결정권을 가지고 물건 또는 상황을 선택하고자 합니다. 하지만 지금까지는 예컨대 자동차를 구입하려고 할 때 인간의 선택은 매우 제한적이었습니다. 단순히 몇 가지 색깔과 모델로 제한된 자동차 중에서 하나를 선택해야 했습니다. 이제 제4차 산업혁명의 흐름 속에서 이러한 인간의 기본적인 욕구에 대한 해결책을 찾을 수 있게 되었습니다. 소비자의 다양한 욕구를 반영한 소량생산이 가능해졌기 때문입니다. 이것은 재료구입에서 설계, 제조, 유통, 재활용이라는 전 과정이 공통의 언어인 디지털로 연결되어야 함을 뜻합니다. 이를 위해서는 전 부품의 협력업체와 유통업체 및 외국 자회사 등 관련된 모든 사람과 기계가 서로 소통할 수 있는 생태계가 조성되어야 합니다.

고객의 요구에 맞춘 제품의 배달은 이제 소비자시장에서만 주목받는 것이 아닙니다. 고객에 적합한 혹은 고객수요를 반영한 제품은 바로 이렇게 복합적인 형태로 이미 자동차 분야에서는 당연시되고 있습니다. 자동차기업은 이미 고객이 원하는 특별한 제작을 통해 자동차 생산에서 엄청난 다양성을 제공하고 있습니다. 온라인 홈페이지에서 고객층들이 설계할 수 있는 신차 디자인공간이 마련됩니다. 다양한 시도와 디자인 설계가 일어납니다. 그 중에서 고객들의 관심을 받는 고객 설계가 제품으로 개발됩니다.

이는 또한 지속가능성의 시각에서 볼 때 앞으로 계속해서 절대적인 요구사항이 될 것입니다. 빠르게 늘어나는 세계인구와 지속적으로 올라가는 삶의 질 수준에서 초과생산이나 가치가 있는 자원과 에너지를 낭비하는 일은 더 이상 용납될 수 없기 때문입니다. 제품주기가 짧아질수록 그리고 혁신주기가 빨라질수록 믿을 수 있는 예측과 기획은 더욱 중요해집니다. 시장이 점점 더 커지고 차별화되며 고객과 협력사와의 협력은 더욱 중요해집니다. 이러한 관점에서 생산자는 자신의 정보인프라와 상호 협력적인 데이터 플랫폼을 거의 실시간으로 만들어서 생산의 전체 흐름과 공정에 참고해야 합니다(Huber, 2013).

4 제4차 산업혁명과 새로운 경제·사회·문화

제4차 산업혁명의 개념

사람과 사물 간의 연결이 폭발적으로 증가하는 경제사회에서의 경쟁력은 협업, 투명성, 공유, 권력 분산을 통한 개방에 있습니다. 디지털사회는 새로운 기술개발과 경제활동의 혁신을 넘어서 모든 사람에게 새로운 문화적 변화를 체험하게 할 것입니다. 이러한 시기에 독일은 단순히 제품품질, 생산속도, 생산비용만을 고려하여 제품을 생산하는 것에 한계가 있음을 알아차렸습니다. 이러한 맥락에서 독일이 새롭게 추진한 것이 '제4차 산업혁명'으로 불리는 'Industrie 4.0'입니다.

독일에서 추진하는 제4차 산업혁명은 사물인터넷을 제조업에 적용한 사례입니다. 산업공정에서 사업장의 기계 설비들이 인터넷에 연결되어 다른 기계들, 프로그램, 사람들과 소통합니다. 점점 증가하는 개인화된

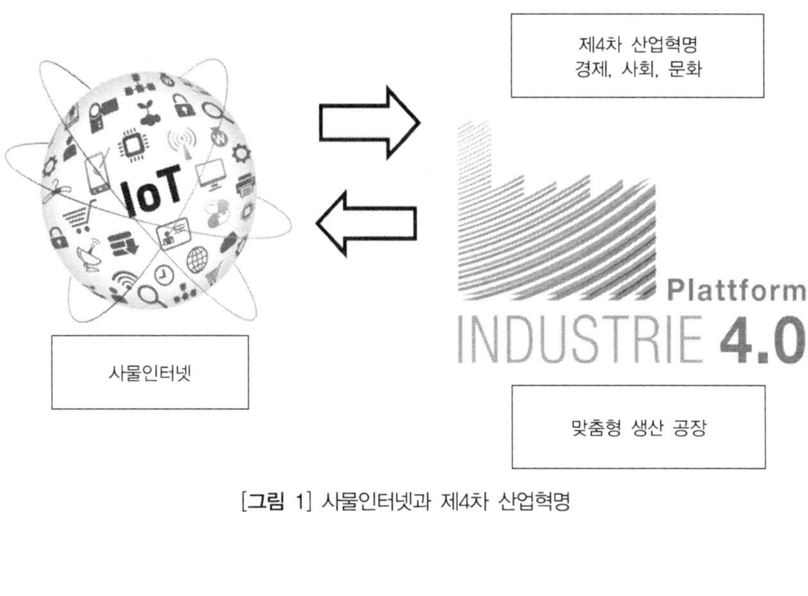

[그림 1] 사물인터넷과 제4차 산업혁명

고객수요를 고려하면서, 하나의 제품을 기획, 생산, 운송, 재활용하는 과정에서 최종고객의 주문과 이에 연결된 서비스에 대한 아이디어를 포함하는 모든 활동이 제4차 산업혁명입니다.

이렇게 제4차 산업혁명은 모든 중요한 정보를 실시간으로 확보할 수 있으며, 가치창출에 참여하는 모든 단위들이 서로 연결되어 있다는 것을 전제로 합니다. 수집된 데이터 안에서 언제든지 최적의 의사결정을 내릴 수 있습니다. 사람과 객체와 시스템의 연결을 통해서 역동적(dynamic)이고, 실시간으로 최적화하며, 스스로를 조직하고, 기업 경계를 넘어서는 가치창출 네트워크가 가능해집니다. 생산비용, 준비상태와 자원이용 등의 다양한 평가기준을 만족시키는 최적화된 의사결정이 가능해지는 것입니다(www.plattform-i40.de). 제4차 산업혁명은 결국 빠르고, 낮은 가격에 자신만의 제품을 원하는 고객의 욕구를 반영하는 것입니다. 그 안에서 기업은 수익을 창출하는 새로운 사업모델을 찾아야 합니다.

달리 표현하면 제4차 산업혁명은 사물인터넷을 통해서 스마트한 서비스를 제공하는 산업혁명입니다. 제1차 산업혁명은 증기기관, 제2차 산업혁명은 전력, 컨베이어 벨트로 표현할 수 있습니다. 제3차 산업혁명은 컴퓨터, 로봇, 자동화로 제4차 산업혁명은 사물인터넷, 정보통신, 전기전자, 기계설비 등의 첨단기술로 표현됩니다. 사이버물리시스템, 인공지능, 사람과 함께 협업하는 로봇, 자율주행차 등이 대표적인 제4차 산업혁명 기술입니다. 이는 스마트 데이터, 스마트 도시, 스마트 공장과 같은 새로운 모습을 만들어 냅니다. 결국 스마트한 서비스를 제공하는 미래 세계가 구현되는 것입니다.

여기서 '스마트'에 대한 개념 정의가 중요해집니다. 단순한 디지털 연결만이 그 목적이 아닙니다. '스마트'는 시간과 공간 그리고 사람에 따라서 변화합니다. 시시각각 변화하는 사람의 욕구, 새로운 것을 추구하는 욕구, 인정받고 싶은 욕구, 가치를 추구하는 욕구, 공경하는 욕구 등이 때로는 균형으로 수렴하고, 때로는 극한으로 벗어납니다. 그 변화무쌍함이 반영되는 것입니다. 사물인터넷에 관련된 새로운 첨단기술의 개발과 더불어서 사람들이 원하는 스마트함에 대한 연구도 더욱 더 중요한 이유입니다. 그 곳에서 새로운 사업모델이 성공할 수 있기 때문입니다.

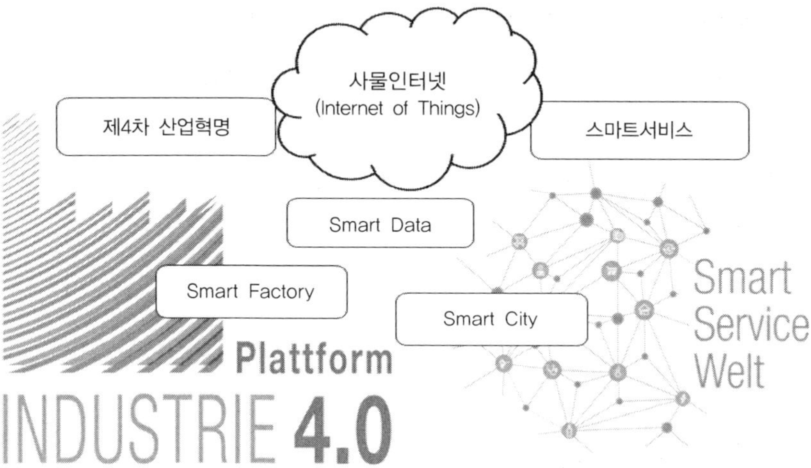

[그림 2] 사물인터넷과 생산 및 소비활동의 변화

제4차 산업혁명의 공급측면에서 핵심적인 역할을 담당한 스마트 공장을 중심으로 좀 더 살펴보면 다음과 같습니다. 스마트 공장에서 사물인터넷은 서로 다른 기계설비와 공장 및 소비자의 의사소통을 디지털로 연결합니다. 소형컴퓨터가 내장된 임베디드 시스템(Embedded System)을 갖춘 사업장의 작업공구와 기계설비는 센서를 통해 수집한 주변상황 데이터를 스스로 처리할 수 있습니다. 사업장 현장에서 서로에게 즉각적으로 조정명령을 내릴 수 있습니다. 제조업에 적용되는 사물인터넷은 분산된(distributed) 의사결정 방식입니다. 기존에는 공장에 새로운 주문이 들어오면,

공정절차를 새롭게 중앙에서 기획해야 했습니다. 하지만 이제는 센서가 부착된 기계 설비들이 사물인터넷으로 정보를 교환하면서 작업방식을 스스로 결정할 수 있습니다. 사물인터넷의 또 다른 특성은 개별 소비자의 취향과 특성을 반영하는 것입니다. 고객의 주문생산과 단 하나의 제품을 만드는 단품생산이 가능해진 것입니다. 사물인터넷은 대량생산 체제에서도 착한 가격의 스마트서비스를 제공할 수 있게 합니다(BMWI, 2014).

지금까지는 주로 기술주도형으로 제품이 개발되었으나, 앞으로는 소비자가 원하는 서비스를 제공하는 방식으로 전환될 것입니다. 이는 소비자가 원하는 서비스를 가장 빠른 시간에 배송할 수 있는 사업장이 유리해짐을 뜻합니다. 단품생산이 가능한 자동화된 사업장에서 소비자의 선호에 적합한 제품을 만들 수 있습니다. 그리고 단시간에 배송이 가능하게 되어 물류비용과 보관비용이 절약됩니다. 에너지와 자원을 절약하는 스마트한 방식이 가능하게 된 것입니다.

기업과 산업의 생태계 경쟁력

정보통신혁명은 시장에서 가격변화를 가능하게 했습니다. 메모리와 센서의 가격이 매우 큰 폭으로 내려간 것입니다. 또한 확대되는 무선인터넷, 모바일 핸드폰, 클라우딩 컴퓨터는 제4차 산업혁명의 기폭제가 되었습니다. 빠른 계산 능력으로 엄청난 데이터가 순식간에 분석되고 저장되기 때문입니다. 중소기업은 플랫폼에서 언제든지 임의적인 네트워크(ad–hoc networking)를 형성할 수 있게 됩니다. 생산수주에 맞추어 협력하는 생산 공동체가 탄생하게 됩니다. 공동의 프로젝트 플랫폼에서 기업은 각자가 잘하는 업무를 맡는 것입니다. 이는 곧 생산, 유통, 사업절차에서 각자 자기 기업에게 적합한 업무가 분배되어 전 과정에 걸친 최적화가 가능하다는 것을 뜻합니다. 생산 공정의 최적화는 안전성은 물론 시간,

품질, 비용 등 핵심적인 생산지표를 모두 동시에 충족시킬 수 있게 될 것입니다.

사물인터넷 세상은 이렇게 생태계와 생태계의 경쟁입니다. 하나의 제품과 서비스 그리고 기업 간의 경쟁을 넘어서 이제는 기업과 산업의 생태계 경쟁시대에 돌입한 것입니다. 한국 자동차와 독일 자동차의 경쟁력은 각 기업이 갖고 있는 협력업체, 유통망, 소비자를 연결하는 사물인터넷이라는 인프라, 즉 전체적인 생태계의 경쟁력과 직결됩니다. 수많은 센서로 연결된 기계 설비와 공장들이 서로 실시간으로 소통하는 시스템이 구축되어야 합니다. 국내와 해외 기업이 서로 소통할 수 있는 하나의 오픈 플랫폼이 필요한 것입니다.

기계와 공구 같은 물리적인 실체가 디지털 데이터로 사이버공간을 만듭니다. 이는 생산과정에서 물리적인 실체와 가상의 프로세스를 연결하는 사이버물리시스템(Cyber Physical System) 특성을 반영한 것입니다. 생산 공정에 사용되는 하드웨어와 소프트웨어의 구성요소, 생산시스템에서

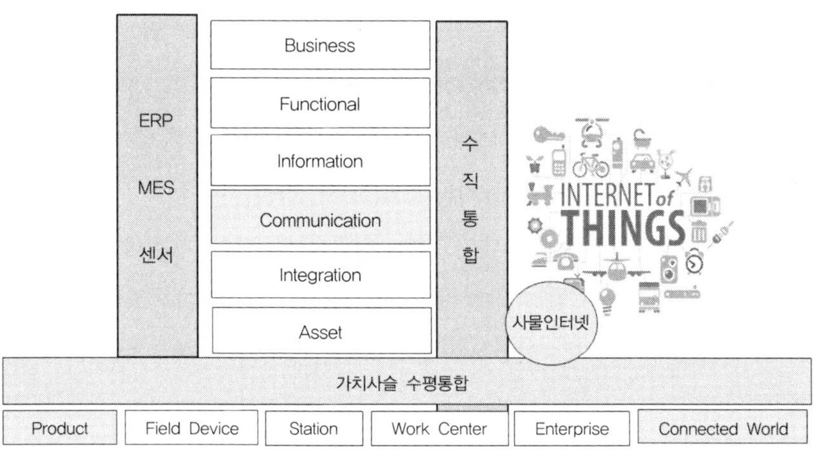

[그림 3] 사물인터넷을 통한 고객주문 실시간 최적화

기계 혹은 기계의 부속품들 모두 그 대상이 될 수 있습니다. 기본모델 혹은 그 시스템의 구성요소가 되기 위해서는 물리적인 실체가 디지털 데이터와 연결되어야 합니다. 이를 통해서 기계와 기계, 소프트웨어와 하드웨어 그리고 사람과 시스템이 의사소통할 수 있기 때문입니다.

[그림 3]은 사물인터넷을 통해서 변화된 기업경영을 보여줍니다. 먼저 제품을 중심으로 가치사슬에 따라 의사결정이 통합되는 수평통합을 들 수 있습니다. 기존의 가치사슬에 '연결된 세계(Connected World)'가 추가되었습니다. 업종과 국경을 넘어선 협력을 표현하는 것입니다.

다음은 사업장, 공장관리, 경영관리를 모두 묶어주는 수직통합이 일어납니다. 고객의 실시간 주문생산은 기업의 의사결정에서 통합을 요구합니다. 공장관리 소프트웨어(MES)와 경영전략 소프트웨어(ERP)와의 의사소통이 필요해진 것입니다. 기계언어와 소프트웨어 언어와의 의사소통이 실시간으로 가능해집니다. 곧 엔지니어링, 정보통신, 전기전자 전공자의 의사소통을 전제로 한 소프트웨어 알고리즘이 개발되었음을 뜻합니다. 고객주문이 취소되거나 변경된 상태를 실시간으로 반영하면서 작업이 일어납니다. 기계정비, 고장, 수율, 소재구비 상태 등을 반영한 실시간 최적화 의사결정이 가능해짐을 뜻합니다.

여기서 소통공간은 가상 세계를 포괄하며, 물리적인 객체가 의사소통 과정에서 전문적인 기능을 가지도록 합니다. 이를 기반으로 기업과 개발자 및 하드웨어와 소프트웨어가 함께 협력할 수 있는 기본 인프라를 구축한 것입니다. 생산기술, 기계설비, 공정기술 그리고 자동화기술 및 정보와 인터넷이 모두 하나로 통합됨에 따라, 설비와 기계를 만드는 기업과 자동화 기술 및 소프트웨어 기업은 서로 협력해야 합니다. 소통능력이 제일 중요한 능력임을 다시금 확인하게 해주는 것입니다.

산업계 협회 중심의 플랫폼 운영방식

사물인터넷의 최종 목표는 스마트 서비스입니다. 개별 소비자가 원하는 스마트 서비스를 완성하기 위해서는 다양한 사람들의 협력이 필요합니다. 갑작스런 정전사고 혹은 교통체증에 따른 배달사고에 효과적으로 대처할 수 있어야 합니다. 기계설비의 대기시간도 단축시키고, 기계들의 의사소통을 통해 필요한 부품을 스스로 조달할 수 있어야 합니다. 실시간 생산 활동 최적화를 통해 기기의 가동률을 높일 수 있어야 합니다. 필요한 부품과 자원을 단기적으로 조달해서 창고유지비용도 줄일 수 있어야 합니다.

이와 같은 문제를 해결하기 위해 독일은 관련된 사람의 지혜를 모으는 오픈 플랫폼 의사결정 시스템을 마련하였습니다. 독일의 미래 첨단기술 전략에서 제4차 산업혁명 추진전략이 도출되었습니다. 이 전략은 산업계 협회인 BITKOM(정보통신), VDMA(기계산업), ZVEI(전기전자)가 구축한 '플랫폼 Industrie 4.0'에서 실행되었습니다. 산업계 대표협회가 운영하는 사무국

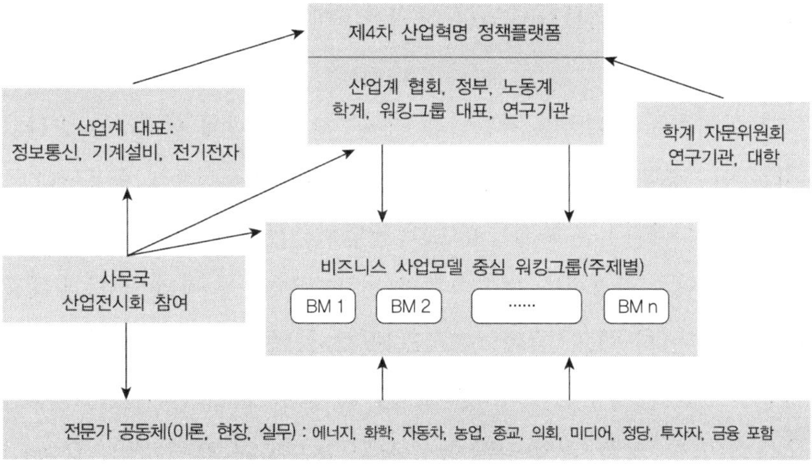

[그림 4] 독일 'Platform Industrie 4.0' 운영조직
자료: Forschungsunion/acatech(2013, 82쪽)

은 지휘그룹을 행정적으로 지원합니다. 사무국은 지식이전, 내부연결, 관련 활동의 연계 및 언론과 공공여론에도 대응합니다. 동시에 전문가공동체는 학계와 연구계의 전문가와 현장전문가 모두가 참여할 수 있습니다. 연구주제 중심의 개별 연구회가 조직되고 지휘그룹과 정보를 교환합니다. 이렇게 독일은 제조업의 미래를 설계하는 과정에서 관련된 이해관계자 모두가 참여할 수 있는 플랫폼을 만들었습니다. 자발적인 연구회 구성으로 혁신적인 아이디어를 산업계와 학계 및 일반인이 공유하는 방식입니다.

제4차 산업혁명 플랫폼이 바로 지난 2년 동안 독일 제4차 산업혁명을 실제적으로 주도한 것입니다. 2013년 독일 하노버 산업박람회에서 기본 모형과 모델 그리고 전략 및 연구개발 방향 등이 발표되었습니다. 이는 산업계와 정계 및 사회부문에서 높은 호응을 얻었습니다. 처음 워킹그룹은 3개의 논의주제를 중심으로 구성되었습니다. 표준과 규격, 연구와 혁신, 정보보안으로 워킹그룹이 가동되었습니다. 이들은 매년 연구한 결과를 공개했습니다. 2015년 독일 하노버 산업박람회에서 확대된 플랫폼이 발표되었습니다. 법률과 교육을 포함한 5개 워킹그룹이 운영되고 있습니다.

이 플랫폼은 사회적인 파트너와 경제주체들이 함께 협력하는 공간입니다. 연구결과와 협력사항은 산업계 현장에서 적극적으로 활용됩니다. 정치적이고 사회적인 주제들이 보다 광범위하게 다루어질 것입니다. 지도부는 독일 연방경제부 장관과 독일 연방교육연구부 장관, 산업계 대표와 산업계 협회 대표, 금속노조, 프라운호퍼 연구소로 구성되었습니다. 이렇게 독일은 개방형 의사소통 플랫폼을 통해 소비자, 전문가, 현장전문가, 산업계, 기업, 정치 정당 등이 모두 참여할 수 있는 방법으로 산업혁명의 best practice를 도출하고 있습니다.

5 생태계 경쟁력과 오픈 플랫폼

플랫폼(Platform)은 승객들이 타고 내리는 기차역 승강장입니다. 많은 사람들이 기차를 타고 내리며, 기차를 갈아타기 위해서 플랫폼을 이용합니다. 동일한 승강장에서 독일 베를린, 프랑스 파리, 스위스 바젤도 갈 수 있습니다. 또한 플랫폼은 어떤 사상이나 제품 등을 교환하거나 확산시키는데 도움을 주는 장소나 인적그룹이기도 하며, 어떤 관점이나 의도를 표현할 수 있는 출발점이기도 합니다. 이렇게 플랫폼은 다양한 사람들이 다양한 주제를 논의할 수 있는 열린 공간입니다. 개별 기업은 주문과 제품에 특화된 능력을 가상공간의 생산 공동체 혹은 사업플랫폼에 연결할 수 있습니다. 가치창출 네트워크의 핵심적인 기능은 의사결정 프로세스의 최적화입니다. 현장에서 수집한 최신 데이터를 토대로 전체 네트워크에서의 최적화를 추구하는 것입니다. 기업 간의 경계를 넘어서서 시간, 품질, 비용, 재료투입 혹은 에너지비용 등을 모두 만족시킬 수 있는 의사결정이 가능해진 것입니다.

핸드폰과 인터넷 그리고 수많은 사물과 기계의 의사소통을 전제로 하는 사물인터넷은 이렇게 오픈 플랫폼 방식에서 가능합니다. 사물인터넷 생태계에는 서비스와 하드웨어를 제공하는 기술전문가, 플랫폼 운영자, 서비스 용역을 제공하는 공급자가 참여합니다. 더 나아가 광범위한 이해관계자로써 경제계와 공공기관 그리고 소비자가 참여합니다.

제4차 산업혁명의 시스템은 복합적인 시스템(complex system)입니다. 전혀 다른 분야끼리 만나서 전혀 기대하지 않았던 새로운 것이 탄생합니다. 기존의 단순한 시스템은 더 이상 경쟁력을 가지지 못하기 때문입니다. 독일이 고민했던 중국의 추격을 벗어나는 방안이기도 했습니다. 단순한 효율성 제고 혹은 생산성 제고의 틀을 완전히 벗어나는 새로운 프레임이 필요했습니다. 새로운 고부가가치는 서로 다른 업종의 협력에서 그 가능성을 찾을 수 있기 때문입니다. 제조업과 정보통신의 결합 그리고 제조업과 전기전자 및 정보통신의 결합으로 경쟁기업과 차별화된 새로운 서비스를 제공할 수 있게 됩니다. 그래서 독일의 제4차 산업혁명은 전기전자공학, 기계공학, 정보공학 분야의 협력시스템을 통해 시작되었습니다. 이 세 분야와 관련된 산업계 협의회 대표들이 첫 번째 플랫폼을 만들어 독일의 산업시스템이 새로운 형태로 진화할 수 있는 기틀을 만들었습니다.

아래 그림은 디지털혁명에서 나온 다양한 개념들을 분류해놓은 것입니다. 먼저 제1단계는 기술인프라로써 유비쿼터스 연결, 센서 네트워크, 정보통신 지역화시스템을 들고 있습니다. 이를 바탕으로 스마트 제품과 스마트 데이터 및 스마트 서비스 제공이 가능해질 것입니다. 스마트 제품은 물리적 플랫폼을 중심으로 자동차, 설비공구, 의료기기 및 가정 부문에서 제공됩니다. 이를 가능하게 해주는 스마트 데이터는 소프트웨어를

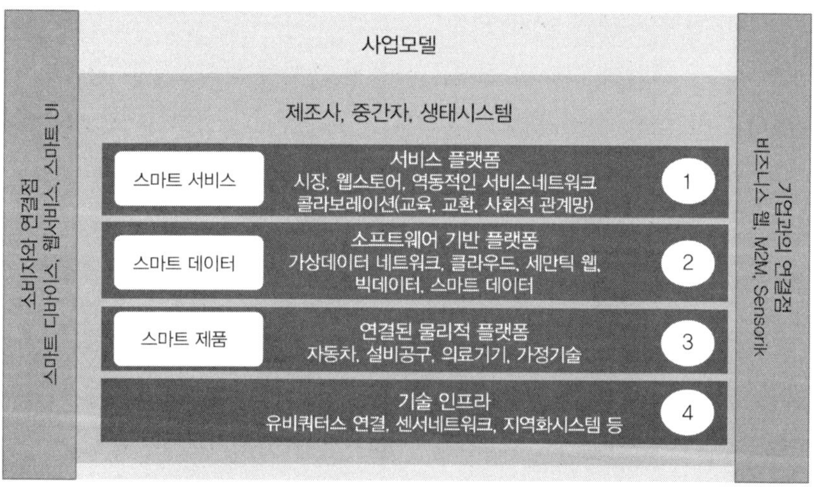

[그림 5] 스마트제품에서 생태계 경쟁으로

자료: Forschungsunion/acatech(2013)

기반으로 하는 플랫폼을 이용합니다. 클라우드, 가상데이터 네트워크, 빅데이터 플랫폼이 그 예입니다.

위 그림에서 최종 목표인 스마트 서비스 제공은 서비스 플랫폼에서 구현됩니다. 시장, 웹스토어, 교육과 사회적 관계망에서 일어나는 콜라보레이션 등에서 스마트 서비스가 일어납니다. 이들이 임의적으로 조합되고 엮어서 새로운 사업모델을 만들어냅니다. 소비자와의 연결점 혹은 접점과 기업과의 접점은 제공되는 서비스에서 차이를 가집니다. 개인 소비자에게는 스마트한 디바이스와 웹서비스를 제공합니다. 기업에게는 비즈니스 웹과 기계들의 소통 및 센서가 중요한 연결점입니다.

디지털기술 인프라에서 제품, 데이터, 서비스가 스마트함은 또한 전 과정이 통합된 의사결정 프로세스에 속함을 뜻합니다. 즉, 재료구입에서 설계, 제조, 유통, 재활용이라는 전 과정이 디지털로 연결되는 것입니다. 곧 전 부품의 협력업체와 유통업체 및 외국 자회사 등 관련된 모든 사람과 기계가 소통할 수 있는 생태계가 조성되는 것입니다. 여기에서 핵심은 결국 의사소통입니다. 인간과 인간 그리고 인간과 사물, 더 나아가 사물과 사물을 연결하는 의사소통이 전제되기 때문입니다. 이러한 의사소통을 가능하게 하는 디지털기술은 기본 인프라입니다. 이제 기업과 소비자는 인터넷과 모바일로 실시간 소통할 수 있습니다.

사물인터넷과 이를 작동시키는 생태계의 특성은 오픈 플랫폼 방식의 의사소통입니다. 생태계는 무한한 구성요소를 가지는 동시에 지속적으로 서로에게 영향을 주면서 스스로 진화하는 특성을 가지기 때문입니다. 오픈 플랫폼 방식을 사물인터넷 생태계에 적용할 때 제4차 산업혁명은 성공할 것입니다. 참여하는 기업, 관련 산업계 협회, 일반 시민, 현장 전문가, 학계 전문가의 의사소통으로 공동의 플랫폼을 구축하는 것입니다. 사물인터넷의 건강한 생태계를 만들어가는 의사결정시스템으로 오픈 플랫폼이 중요한 이유입니다.

디지털사회에서는 수많은 기술이 순간적으로 발전되고 융합됩니다. 따라서 현장 전문가와 소비자가 참여하는 개방적인 의사결정시스템이 중요합니다. 많은 사람들의 지혜를 모으는 것입니다. 사물인터넷 시대에서는 그 어느 누구도 그 파급효과를 예상할 수 없습니다. 소수 전문가 몇 사람이 미래를 예측할 수 있는 시대는 지났습니다. 다양한 분야에서 복합적인 기술이 시시각각으로 연계되는 시대입니다. 그 안에서 새로운 사업모델이 나타났다가 순식간에 사라지는 시대입니다. 따라서 자연과학과 공학, 생산기술, 기계설비, 공정기술, 자동화기술, 정보공학이 협력하는 방식이 앞으로는 더욱 주목받을 것입니다. 여기서 중요한 것은 직접적인 수요자인 산업계와의 협력으로 현장중심의 융합연구를 처음부터 함께 시작하는 것입니다. 동시에 가치사슬에 연결된 서로 다른 업종의 수많은 기업들이 새로운 사업모델에 참여하는 것입니다.

한국에서는 대중가요 방송에서 '불후의 명곡', '복면가왕' 프로그램이 많은 관심을 받고 있습니다. 지원자의 반복되는 경쟁프로세스와 전문가 집단의 코멘트와 피드백 그리고 청취자가 참여하는 오픈 경쟁시스템입니다. 이는 곧 사물인터넷 생태계인 오픈 플랫폼과 비교될 수 있을 것입니다. 누구나 참여할 수 있으며, 공개경쟁과 전문가그룹의 피드백입니다. 동시에 청중이 함께 평가하는 시스템을 구축하고, 전문가 그룹 역시 가수선발과 직접적인 이해관계가 있는 기업 대표가 참여합니다. 이렇게 프로그램의 성공과 경제의 혁신은 공정한 경쟁과 개방형 시스템에서 가능합니다. 이제는 첨단과학기술 선정과 정책방향의 설정에서도 이러한 형식이 적용되어야 합니다. 어떠한 기술에 우선순위를 둘 것인지를 전문가와 일반 청중이 함께 결정하는 방식입니다. 의료정책에서 에너지정책에서 정책의 우선순위를 결정할 때에도 마찬가지입니다.

여기서 중요한 것은 이러한 플랫폼을 운영하는 방식입니다. 전문가그룹이 논의주제의 초안을 마련합니다. 그 초안에 대해서 폭넓은 범위의 이해관계자, 일반 청중이 1차로 공개적인 피드백을 합니다. 피드백을 받은 내용을 중심으로 다시 전문가 그룹이 초안을 수정합니다. 그 다음 다시 수정된 안건을 중심으로 일반 대중에게 토론의 기회가 주어집니다. 이 과정이 2~3회 반복되고 공개됩니다. 여기에서 이해관계가 첨예하게 대립하는 사안일 경우, 기본적인 원칙과 방향 설정에 국한해서 합의할 수 있습니다. 플랫폼 의사결정 절차 역시 참여한 사람들의 동의를 얻어서 결정합니다. 결국 플랫폼 운영의 성공, 경제정책의 성공, 제4차 산업혁명의 성공은 두 가지에 의존합니다.

– 누가 규칙을 만들었는가?
– 어떻게 운영하는가?

이해관계자가 참여해서 자신들의 의견과 입장을 반영한 규칙을 만들 때 성공할 가능성이 높아집니다. 그들이 직접 규칙을 만들고, 시행하면서 수정하는 과정이 공개적일 때 성공확률이 높아집니다. 이 과정을 바로 경제정책의 Open Innovation으로 표현할 수 있습니다.

앞으로 개인별 주문생산은 생산자에게 수많은 새로운 시장을 뜻합니다. 그동안 주문생산은 산업고객 특히 기계설비 부문과 프리미엄 소비재에 국한되었습니다. 하지만 이제는 낮은 가격대에서도 개인화된 고객의 욕구를 만족시킬 수 있게 되었습니다. 생활필수품에서 개인적인 욕구를 반영하여 인터넷으로 주문할 수 있습니다. 스마트한 생산설비가 변화하는 이러한 시장흐름을 따라갈 수 있게 한 것입니다. 주어진 자원으로 품질이 가장 높은 제품을 생산하는 자원생산성과 주어진 생산량에서 가장 적은 자원을 투입하는 자원효율성 추구가 가능해진 것입니다. 새로운 부가가치를 창출하는 다양한 사업모델이 생겨납니다.

산업생태계에 변화가 일어나고 있습니다. 네트워크에 연결된 다른 기업과 협력하여 개별 프로젝트를 추진하는 것입니다. 물론 참여하는 기업들은 네트워크와 플랫폼에서 수주용역 기회를 더욱 확대할 수 있습니다. 결국 사업파트너 성공은 언제나 참여한 기업들의 신뢰할 수 있는 협력작업을 통해서 가능합니다. 보다 높은 투명성이 기업네트워크에서 보장되어야 할 것입니다. 이러한 방식의 협력은 많은 업종에서 경쟁이 예전보다 더 치열해지고 있음을 뜻합니다.

개인과 기업 그리고 국가의 경쟁력은 생태계 경쟁력입니다. 여기서 생태계 경쟁력은 협력파트너를 선택할 수 있는 능력으로 표현할 수 있습니다. 본인이 원하고, 신뢰하며, 경쟁력을 가진 파트너를 선택할 수 있는 능력입니다. 새로운 프로젝트 혹은 새로운 사업모델에서 파트너와 협력할 수 있는 여건을 구비하는 것입니다. 파트너와의 협력도 지속적인 시행착오, 연습과정에서 견고해집니다. 함께 일을 하면서 신뢰가 두터워지기 때문입니다. 작은 일에서부터 함께 해보는 경험, 서로 다른 업종과의 협력 경험 등이 생태계 경쟁력의 주된 요소가 될 것입니다.

또한 사물인터넷과 3D 기술, 스마트서비스, 빅데이터, 클라우드 컴퓨팅을 접목한 새로운 사업모델이 도출될 것입니다. 이는 지속가능한 에너지전환, 경쟁력을 가지는 의료시스템, 가족과 직업의 양립 등에 기여할 것입니다. 반면에 사이버보안과 호환성, 사생활보호 문제는 앞으로 함께 풀어가야 할 문제입니다. 이를 위해서는 각각의 프로세스가 모듈로 구성되고, 상호간 표준화로 호환이 되어야 합니다. 또한 가상공간에서 작업할 수 있는 모델링이 프로그램으로 설계되어야 하며, 데이터를 지속적으로 교환하여 실시간 상황에 맞춘 최적의 의사결정이 가능해야 합니다.

이제 4차 산업혁명은 시작입니다. 새로운 개념을 설계하는 능력이 필요합니다. 서로 다른 업종에서 서로 다른 전문지식으로 시장변화와 그 동향의 맥락을 잡아가는 것입니다. 그 과정에서 필요한 표준을 만들고 합의합니다. 우리가 원하는 미래의 모습을 담아냅니다. 그 어느 누구도 복합적인 4차 산업혁명의 미래와 해답을 알지 못합니다. 다함께 모여서 생산적으로 토론하고, 공개하고 반복하는 과정에서 방향을 찾아가는 것입니다. 우리 스스로가 찾아야 할 과제이며 동시에 우리에게 크나큰 도전입니다. 이 도전을 어떻게 준비하느냐에 따라서 미래를 선도할 개인, 기업, 조직, 단체, 국가가 결정됩니다. 그들이 바로 디지털주권을 행사할 것입니다.

03

사물들, 우리도 행위자!

-행복한 '기술공동체'를 위하여-

김화자

03 사물들, 우리도 행위자!

김화자

1 사물들, 포스트스마트폰인가요?

고대인들은 지식을 얻기 위해 마을 중앙에 있는 문서보관소를 직접 방문했습니다. 인쇄술의 발명으로 문서자료들은 도서관을 벗어나 다른 지식으로 재생산되어 왔죠. 현대는 디지털과 정보통신 기술 덕분에 네트워크만으로도 코드화 된 정보들을 활용할 수 있게 되었습니다. 모바일 시대에 살고 있는 우리는 이동하면서도 시공간의 제약 없이 정보를 자유롭게 전달, 취득하며 교환합니다. 이처럼 디지털 기술은 기하학적 관점에서 세계를 고정된 것으로 보고 분리했던 과거의 담장들을 무너뜨리고 유동적인 세계로 탈바꿈시켜 인간과 기술을 상호의존적이게 만들고 있습니다.

미래에 발생할 범죄를 예방하기 위해 주인공이 첨단과학 기술시스템과 연결해 얻은 정보로 활약했던 영화 <마이너리티 리포트>(Minority Report, 2002)처럼 이제 우리는 디지털 기기와 환상적으로 결합해 소통하는 세계에 살고 있습니다. 게다가 과거의 컴퓨터가 전문적인 일에만 집중할 수 있는 컴퓨터로 개발되었다면 최근에는 서로 정보를 주고받으며 '대화하는 컴퓨터'로 개발되고 있습니다.

인류는 언제나 흙, 숲, 강처럼 자연적인 사물과 집, 그릇, 쟁기 같은 인위적인 사물, 나아가 자동차, TV, 전화와 같은 기술적인 사물들과 함께 살아왔습니다. 이제 인간은 자신과 유사한 지능과 감각을 기술장치에

집어넣고 이동하면서도 활용할 수 있는 모바일 기기들과 대화하며 한시도 떨어지지 않고 있습니다. 컴퓨터도 인간과 쉽게 소통하기 위해 몸으로 그 영역을 확장하려고 다양한 시도를 하고 있습니다. 이를테면 디지털 화면은 몸에 맞게 휘고 접히는 '플렉시블 디스플레이(flexible display)'로 바뀌고, '스마트안경', '스마트워치', '스마트밴드'와 같은 '웨어러블 기기(Wearable Device)'도 점점 많아지고 있습니다.

마침내 컴퓨터는 마우스, 키보드 같은 오프라인의 물리적 제한에서 벗어나 홀로 감각하고 생각할 수 있게 센서, 무선네트워크를 장착하고 인간 몸으로 확장하는 '피지컬 컴퓨팅(Physical Computing)'을 실현하고 있지요. 가장 많은 데이터를 보유하고 각기 다른 생명체들이 유기적으로 통일된 자연을 모방해 진화하려는 디지털 생태계에서 사물기기들은 저마다 아이피(IP, Internet Protocol) 주소를 갖고 서로 대화하며 정보를 직접 생산하는 것을 목표로 합니다. 이런 디지털 생태계의 지각변동으로 인간을 포함해 사물들은 일상에서 취득한 데이터를 자기들끼리 자동으로 주고받을 수 있는 '사물인터넷' 시대에 이르게 된 것입니다. 따라서 사물인터넷은 인간 중심의 집중화된 통제보다 인간과 사물은 물론 사물과 사물, 기계와 기계 사이의 동등한 대화가 필요하게 되었답니다.

국내에서도 2년 전부터 주목받기 시작한 '사물인터넷'은 다양한 종류의 사물기기들이 단독으로 사용될 때와는 다른 효율성과 가치를 제공하는 것을 목표로 합니다. 집 밖에서 전등과 밥솥을 켜고 세탁기를 돌리고 보일러를 가동시키며 가전제품들을 자동으로 연결한 유비쿼터스(ubiquitous)가 사물인터넷의 기원입니다. 그런데 인간이 중심이 되어 전자제품들을 켜고 끄는 유비쿼터스 시스템과 달리 사물인터넷은 인간 개입 없이도 사물들끼리 주변 상황에 맞게 정보들을 주고받으며 조절할 수 있게 하는 것입니다.[6] ICT와 센서기술을 응용한 스마트기기들로 집안의 삶을 편리하고 쾌적하게 해주는 스마트홈, 개인의 건강상태를 체크해 병을 예방하는 스마트헬스, 교통체증과 사고를 줄이기 위해 자율주행차를 목표로 하는 스마트카처럼 사물인터넷은 최근 융복합산업의 가장 뜨거운 핵심입니다. 종국에는 운전 중에도 휴식은 물론 집안일, 회사일, 건강 체크도 동시에 할 수 있게 도시 전체의 전자 정보통신기기들이 자율적으로 연결되어 작동하는 스마트시티를 꿈꾸는 것입니다. 우리는 사물인터넷으로 인해 손 안의 스마트폰 시대를 넘어 도시 전체가 스마트폰처럼 작동하는 '포스트스마트폰 시대'에 접어들게 되었답니다. TV와 일간지는 연일 사물기기들이 일상에서 개인에게 맞춤형 서비스를 제공하기 때문에 미래 우리의 삶은 더욱 편리하고 자유로울 거라고 보도하고 있습니다. 게다가 나라마다 사물인터넷은 국운을 건 미래의 성장 동력이라고 주장하고 있습니다. 정말, 사물인터넷은 우리에게 꿈같은 미래만을 약속할까요? 우리에게 진정 필요한 것일까요? 아니면 멈출 수 없는 인간의 욕망과 자본이 공모한 산물일까요?

결국 일상에서 취득한 데이터를 신속히 처리해 다양한 서비스를 제공하려는 사물인터넷은 사물들에 점점 복합적이면서 정교하게 진화한 센서를 탑재하고 자동으로 연결하려는 겁니다. 디지털 정보와 현실의 가전

---

6 김학용, ≪사물인터넷 : 개념, 구현 그리고 비즈니스≫, 홍릉과학출판사, 2014, 63~64쪽 참조.

기기는 물론 산업기기들을 네트워크와 센서로 연결하고 융합해서 새로운 가치를 생산하려는 사물인터넷으로 인해 인간의 삶은 더욱 편리해지지만 인간의 노동은 그만큼 배제될 것입니다. 나아가 개인에게 맞춤형 서비스를 제공하기 위한 개인정보 유출, 해킹, 공유에 대한 피해와 보안 문제는 더욱 심각해질 것입니다. 작년에 상영된 영화 <트랜센던스>(Transcendence, 2014)는 인간의 욕망으로 지능은 물론 감각, 자각능력을 무한대로 업로드 한 인공지능, '트랜센던스'가 지배하게 될 암울한 인류 미래를 그렸습니다.

또한 지난 봄 이세돌 9단과 알파고의 바둑경기가 보여준 것처럼 미래 사물기기들의 인공지능은 스스로 학습하는 딥 러닝(deep learning)에 의해 고도의 추상적인 정보도 인식하고 자율적으로 연결하며 서비스를 제공할 수 있게 된답니다. 사물인터넷은 그 혜택만큼 사라질 일자리에 대한 두려움을 야기하고 있습니다. 인공지능 전문가는 인공지능을 인간지능과 비슷한 수준의 '약한 인공지능'과 자유 의지가 있는 '강한 인공지능'[7]으로 구분합니다. 이를 테면 약한 인공지능에 의한 인지 자동화는 인간과 타협하며 인간의 삶에 편리함을 제공하는 반면, 강한 인공지능은 스스로 사유하는 자율성을 획득해 지구에 유익함보다 피해를 끼치는 인간 존재를 불필요하다고 판단해 제거할 수도 있을 거랍니다.

요컨대 '트랜센던스', '알파고'가 남긴 교훈처럼 인간은 자기보다 우월한 인공지능에 의해 온전히 제어 또는 제거될 수밖에 없지 않을까요? 다시 말해 기계는 인간지능과 몸의 한계를 보완하는 것이 아니라 인간을 똑똑한 인공신경망의 부속품으로 만들고 기계 자신이 인간이 되어 버리는 것은 아닐까요? 인간과 디지털 기기들이 묵시록적 종말과 파국을 피해 과연 상호 협력적이되 서로를 침범하지 않는 대칭적 관계를 유지할

---

[7] 김대식, ≪인간 vs 기계≫, 동아시아, 2016, 275쪽.

수 있을까요? 상호관계적인 기술공동체가 될 수 있나요?

그렇다고 예견된 정보만으로 사물인터넷 기술과 기획을 모두 포기하는 것이 최선의 선택이 아닌 것은 분명합니다. 최첨단의 과학지식과 기술을 인간과 환경과의 공생을 위해 활용할 수는 없을까요? 사회 전반에 걸쳐 이미 거스를 수 없게 된 사물인터넷의 폐해를 최소화하는 방향으로 추진하는 것이 필요합니다. 다시 말해 사물인터넷은 제한적으로 실행되어야 하지 않을까요? 현대정보사회는 인간과 기계가 쌍이 되어 서로의 정보를 교환하기 때문에 프랑스의 자연 철학자이자 기술철학자인 시몽동(G. Simondon)은 인간과 기계의 공생을 주장합니다. 그에 따르면, 인간, 자연, 사물이 하나로 연결되었던 원초적이고 마술적인 시대가 근대를 통과하며 그 연결이 분화되어 진화해 왔다는 것입니다. 다시 말해, 인간은 도구를 가지고 노동하면서도 점점 도구, 특히 기계와 단절되는 소외를 겪게 되었지요. 그러나 시몽동은 현대정보기술사회에서 인간이 다시 기술과 짝을 이룬 네트워킹을 통해 '사회통합적 소통'을 지향하며 새로운 공동체와 휴머니즘에 이를 수 있다고 봅니다. 사물인터넷이야말로 모든 것을 하나로 연결하려는 이런 통합운동에 동참하는 것이 아닐까요? 이 시점에 우리는 인간과 사물기기, 사물과 사물의 플랫폼이 단순히 편리한 효율성만을 추구하지도, 인간이 온전히 배제되지도 않게 그 폐해를 최소화하며 공생할 수 있는 행복한 플랫폼이 될 수 없는지 살펴봐야 합니다.

2 왜 점점 웨어러블 기기들이 많아질까요?

스마트폰과 연동되어 주위의 미묘한 변화를 감지하며 데이터를 취득하고 처리하는 센서, 유무선 네트워크는 사물인터넷의 핵심 장치랍니다. 기존 IT 기기들은 사용자와 피드백하면서 시공간의 한계를 벗어나 가상세계에 몰입할 수 있게 해주었습니다. 반면에 최근 디지털 생태계는 주변 환경과 자율적으로 상호작용하며 새로운 환경을 만들어 가는 생명체처럼 가상 세계의 경험들을 직접 현실로 들여옵니다. 센서와 무선네트워크가 탑재된 스마트기기는 현대 디지털 생태계의 바로미터이고 몸에 직접 착용하는 웨어러블 기기는 인간과 사물기기와 보다 직접적인 상호작용을 가능하게 해줍니다.

따라서 스마트폰과 연동되거나 단독으로 작동하는 웨어러블 기기는 인터넷과 융합된 소셜 플랫폼으로 구글글래스 같은 안경형과 시계형(삼성 갤럭시 기어, 애플워치..), 밴드형(나이키 퓨얼밴드, 삼성 기어핏..), 부착형, 직물형 등이 있습니다. GPS, 스피커, 안구 감지센서가 있는 스마트안경은 본래 말을 글로 읽을 수 있게 청각장애인을 위해 개발된 것이지만 이미 눈동자와 눈꺼풀의 움직임만으로도 작동하는 안경도 개발되었답니다(케이-글래스2). 스마트워치는 카메라, 속도계, 온도계, GPS, 달력 같은 스마트폰 기능 외에도 호흡, 심박, 체지방처럼 몸의 생체 데이터를 감지하는 센서와 무선네트워크 장치를 탑재하고 있습니다. 즉 블루투스로 스마트폰과 연동해서 호흡, 심박, 체지방 같은 몸의 생체신호를 모니터링 해 헬스센터에 전송하면 컴퓨터가 데이터를 분석한 후 착용자에게 건강정보를 전송하게 됩니다. 이처럼 스마트헬스를 위한 사물인터넷은 혈압, 호흡, 눈동자의 움직임 같은 몸의 생체적, 운동적 데이터들로 구동합니다. 기기에 내장되어 있거나 독립된 스마트폰은 여러 웨어러블 기기들의 허브 역할

을 하며 온라인과 오프라인을 이어줍니다. 몸과 하나의 시스템으로 작동하는 웨어러블 기기는 착용자에게 맞춤형 서비스를 제공해서 사물인터넷 수준을 향상시켜 주고 있습니다.

이외에도 이미 상용화 되거나, 시판될 웨어러블 기기 중에 눈여겨볼게 있습니다. 미국에서 인디에고고(Indiegogo)라는 크라우드펀딩 사이트로 이미 판매하기 시작한 인체 부착형 헬스케어기인 '스카나두 스카우트(Scanadu Scout)'와 '앰프스트립(Ampstrip)'입니다. '스카나두 스카우트'는 10초간 이마에 대어 호흡, 혈압, 체온, 산소포화도 등을 측정할 수 있습니다. 출시될 밴드형 '앰프스트립(Ampstrip)'는 피부온도, 가속도, 심전도 센서가 내장되어 있어 심장부근에 붙여 심박수를 모니터링하면서도 부착형이기 때문에 스마트워치에 비해 스마트기기와 항상 연결되어 사용할 수 있어 보다 효용성이 뛰어날 거라고 합니다. 게다가 최근에 나온 세련된 디자인의 밴드형 '미스핏 샤인(Misfit Shine)'은 일상의 걸음, 스포츠 활동은 물론 수면 동안의 열량 소비도 기록할 수 있을 뿐만 아니라 SNS, 음식소비 기록 기능까지 지녀 체중조절을 통한 착용자의 건강을 유지하는데 도움을 주고 있답니다. 점점 패션화, 소형화, 콘텐츠화 되어 가는 웨어러블 헬스케어기기들이 최근에는 스마트 헤어밴드에서부터 이어폰, 벨트, 반지, 속옷, LED의복, 스마트신발까지 온몸으로 착용할 수 있는 것은 무엇이나 가능하게 되었습니다. 그 결과 웨어러블 기기들은 단순히 착용자의 생체와 운동 데이터만을 분석하는 '피트니스'만이 아니라 건강상태에 관한 정보를 서비스로 제공하는 '웰빙'까지 결합한 '토탈 헬스케어'를 지향하며 미리 질병을 예방하거나 조기 발견, 나아가 치료까지 할 수 있게 해준답니다.

사물끼리의 연결은 스마트홈과 스마트카 영역에서 더욱 활발히 추진되고 있습니다. 스마트홈은 과거의 전기밥솥, 세탁기, 에어컨 같은 가전제품들이 각각 독립된 채로 작동한 자동예약기능에 그 기원을 두고 있습니다. 그러나 최근 스마트홈의 사물인터넷은 스마트폰과 연동된 가전제품들이 자동으로 서로 정보들을 교환하며 작동합니다. 국내 LG의 홈챗과 삼성의 스마트홈은 사물인터넷을 통해 토탈 홈 솔루션을 목표로 한다고 합니다. 스마트폰과 연동되거나 스마트안경 또는 스마트워치에 내장된 애플리케이션에 연결되어 집주인에게 맞는 조명에 음악을 틀고 공기청정기와 로봇청소기, 에어컨을 자동으로 작동할 수 있습니다. 게다가 스마트홈은 냉장고 속 식품의 유통기한에 관한 자료를 주인의 스마트폰으로 전송해 소비와 음식 보관도 체크합니다. 또한 공기청정기, 에어컨이 서로 정보를 주고받으며 실내 공기와 온도를 쾌적하게 하고 가전제품들은 서비스 기사 없이도 제조사와 연결되어 자동으로 업 그레이도 될 수 있습니다.[8]

나아가 운전자 없이도 스스로 움직이는 무인자동차를 이용한 스마트카의 상용화 또한 멀지 않았다고 합니다. 단순한 모터의 동력기관으로 작동하는 자동차가 처음 출시되었을 때 엔진은 각각의 부품들이 분리된

---

8 http://cfono1.tistory.com/899, http://www.samsung.com/sec/SmartHome/sHome.html

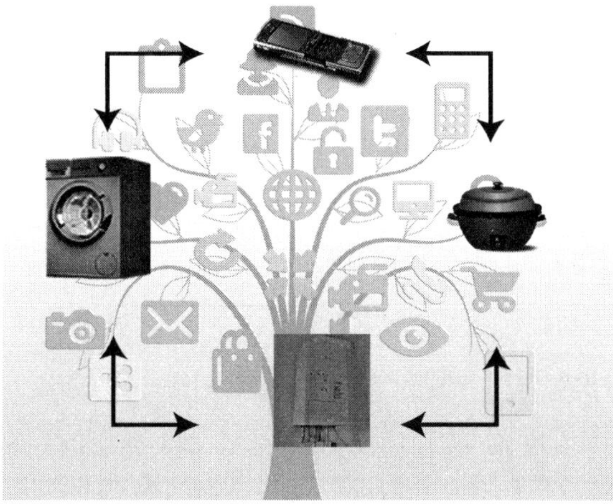

채 정해진 기능만을 충실히 수행하는 조합물에서 주요 부품들이 서로 에너지를 교환하며 작동하는 앙상블 시스템으로 진화해 왔습니다. 사물기기가 단일한 구조로 진화할 수 있었던 것은 기계를 둘러싼 자연환경과 기술환경에 인간이 개입해 조정했기 때문입니다. 사물기기가 자연과 기술환경 사이에서 스스로 조절한다면 새로운 환경을 창조하며 진화할 수 있습니다. 인접한 기관들이 상호 개방적으로 작용하면서 발전해 온 엔진은 이제 위성항법장치(GPS)와 IT 기술, 고도의 센싱 기술은 물론 첨단의 인포테인먼트(Infotainment, 정보·오락) 환경과의 융합으로 자율주행차 시대를 맞게 된 것입니다. 스마트카 사업은 구글의 '안드로이드 앱'을 사용할 스마트카를 선두로 테슬라(Tesla), 애플, LG와 벤츠가 협업에서 두드러집니다.[9]

국내에서도 SK텔레콤이 스마트폰으로 차량을 관리할 수 있는 '스마트 오토스캔'[10]을 출시하고, 네이버와 현대 엠엔소프트도 함께 '스마트카' 시장에 진출한다고 발표했으며, 삼성도 미국에서 '빈리'라는 스마트카 부품 제조업체에 투자하기로 하면서 전기자동차 사업에 가세하고 있답

[9] http://jongamk.tistory.com/3245

[10] http://blog.skenergy.com/1696

니다. 이렇게 세계적인 기업들이 자율주행차 개발에 전력투구하는 이유는 자동차에 장착된 스마트기기들이 자동으로 연결해 운전하는 동안 운전자는 집안의 가전제품, 회사의 디지털 기기들과 정보를 교환하며 자유롭게 업무 보거나 휴식할 수 있을 뿐만 아니라 교통사고와 병도 예방할 수 있기 때문입니다. 다시 말해 우리는 스마트카가 그 자체로 도시의 사물기기들과 통신하는 컴퓨터가 되어 일상을 온전히 연결하고 제어할 수 있는 사물인터넷의 허브 역할을 할 것이라고 기대하고 있답니다.

웨어러블 기기와 사물기기들이 주위에서 취득한 데이터를 서로 교환하며 각각의 고유한 기능 외에도 새로운 서비스와 가치를 창출할 수 있게 된 것은 센서, 네트워크를 장착하고 온라인과 오프라인, 인간과 사물들을 연결하기 때문입니다. 무엇보다 사물인터넷에서 사물들이 서로 데이터를 주고받으며 서비스로 제공하는 정보는 추상화된 지식보다 일상의 자연과 기술 환경에서 습득한 감각적인 데이터들입니다. 주변에서 직접 정보를 획득할 수 있게 해주는 사물기기의 센서는 생명체가 주위와 순환하며 상호작용하는 원리에서 응용된 것입니다.

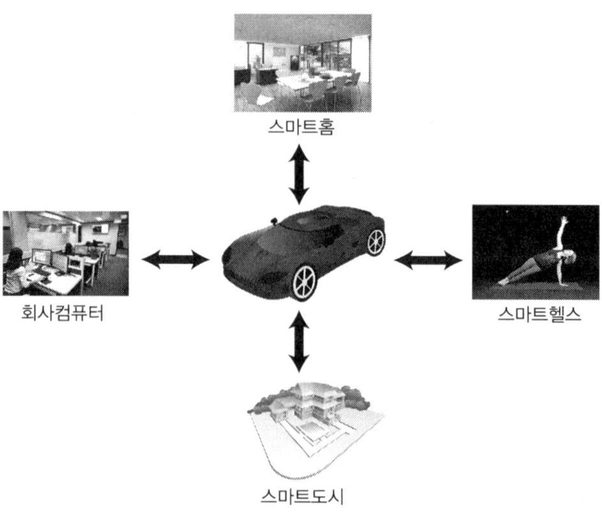

3 사물들, 어떻게 생생한 데이터를 취득하나요?

사물기기들이 평상시 주변의 데이터를 빨리 획득해 교환하거나 서비스로 제공하려면 직접 연결되어야 합니다. 센서는 자동 연결을 위한 중요한 장치이지요. 디지털 정보는 인간의 자연발생적인 경험을 인공지능과 정보통신기술에 의해 코드로 변환시킨 것입니다. 네트워크는 양적 데이터를 바로 실시간 의미 있는 질적 정보로 분석해 서비스로 제공할 수 있게 해줍니다. 초창기 컴퓨터의 인공지능은 뇌의 정보처리 기능과 제어 기능만을 중요하게 여겼습니다. 그런데 내가 생각하려면 직접 몸으로 경험한 데이터에 의존하는 것처럼 1980년대 이후 인지과학에서도 신체의 감각적 데이터에 근거한 신체 지능에 관심을 갖게 되었습니다. 그 결과 컴퓨터의 지능에는 주변 환경에서 몸이 체험한 감각적 데이터가 중요하게 여겨졌고, 나아가 디지털 산업에서도 사용자 경험(UX)에 주목하게 된 것입니다. 몸이 주위와 끊임없이 상호 순환하는 작용은 사물의 변화를 감지해 데이터를 생성하는 스마트 센싱 기술의 모델입니다. 실례로 안경형, 시계형, 부착형 웨어러블 기기는 사용자의 눈, 손목, 피부처럼 신체의 고유한 감각기관과 상호작용하며 사용할 수 있게 제작된 것입니다. 그렇다면 웨어러블 기기를 포함한 사물인터넷의 스마트기기들에 탑재된 센서가 인간의 센서와 닮은 점은 무엇인지 알아봅시다.

프랑스의 대표적 현상학자인 메를로퐁티(M. Merleau-Ponty)는 지식과 진리의 근원을 몸과 정신, 나와 타인, 인간과 사물, 자연과 문화로 양분되기 전의 감각적인 공통세계를 탐색하고 연구하였습니다. 그는 모든 경험과 지식이 내 몸과 세계가 관계 맺는데서 발생한다고 보았지요. 이때 생명체와 환경은 단순히 원인과 결과라는 관계로 작동하는 것이 아니라 '서로 순환하고 작용하는 관계'로 연결되어 있다는 것입니다. 그렇기 때문에 인간의 사유와 행위는 무엇보다 몸으로 외부 세계와 접촉하는 감각적인 소통에서 시작합니다. 다시 말해 우리가 세계에서 지식을 획득하는 것은 단순히 외부 자극에 수동적으로 반응하거나 이성의 힘으로 그런 자극들을 주관적으로 이해하는 것이 아니라, 몸의 감각 기관들로 세계를 생생하게 체험하는 데서 시작합니다. 왜냐하면 의식이란 자연스레 몸이 경험한 것을 바탕으로 활동하기 때문입니다. 외부 자극에 대한 반사행동에서조차 운동신경은 신경계 전체와 상관없이 맹목적이고 부분적으로 반응한 것이 아니라 특수한 상황에 맞게 균형 잡힌 것입니다.

움직이는 풍뎅이의 지골을 도려내도 풍뎅이가 계속 이동하는 것을 볼 수 있는데, 그것은 풍뎅이가 외부 자극에 맞춰 자기 신체 기능을 재조직하기 때문입니다. '기능을 재조직한다는 것'은 생명체가 반사 행동과 지능적인 행동을 자신이 지향하는 방향으로 통합해 실행하는 것을 뜻합니다. 요컨대 인간의 신경계란 동물과 달리 반사 신경과 중추 신경을 단순히 인과적으로 연결한 물리적인 장치가 아닙니다. 인간의 신경계는 생물학적 본능과 의식적인 것을 각자의 의도에 맞게 새롭게 통일시킨 것입니다. 이를테면 인간은 단지 허기진 배를 채워 생명만을 연장하기 위해 노동하는 것이 아니라 자신만의 삶과 꿈을 실현하며 행복해지기 위해 일합니다. 즉 인간의 행동이란 중추신경계와 자극이 서로 순환하며 개개인의 고유한 실존적인 의도를 상징적인 의미로 표현하지요.

몸이 주위 환경과 끊임없이 상호 순환하는 작용은 스마트기기에서 주변의 변화를 감지해 데이터를 생성하는 센싱 기술의 토대입니다. 사물기기는 탑재된 센서로 내부 장치와 외부 환경 사이를 부단히 순환하며 스스로 재구축하는 운동을 통해 감각적인 데이터를 생성합니다. 실례로 안경형, 시계형(밴드형), 부착형 웨어러블 기기는 사용자의 눈이나 피부처럼 신체의 특수한 감각기관에 맞춰 사용할 수 있게 제작된 것입니다. 따라서 사용자가 평상시 보고, 듣고, 느끼는 신체의 감각적인 몸짓과 경험이 오프라인과 온라인을 연결하는 웨어러블 기기의 명령어와 정보가 될 수 있는 것입니다. 그렇다면 사물인터넷의 스마트기기에 심어진 센서는 몸의 감각기관들처럼 주위 환경과 단순한 생물학적 관계를 넘어선 의식적 관계에서 감각적이고 지적인 정보를 생성할 수 있을까요?

생명체의 센서는 단순히 외부 자극에 반응하고 수용하는데 그치는 것이 아니라 자극의 데이터를 신경망을 통해 뇌의 중추신경계와 순환적으로 상호작용하며 해석된 지적 정보, 즉 지능을 획득할 수 있게 해줍니다. 마찬가지로 스마트 기기는 감각적인 데이터로부터 자율적으로 정보를 생성해 낼 수 있는 인간의 감각기관을 모방한 초소형 센서들을 탑재하고 자동으로 데이터를 습득하고 연결합니다. 눈 기능을 재현한 시각 센서에는 대상에 반사된 빛을 전기신호로 바꿔 이미지로 볼 수 있게 해주는 CCD(Charge Coupled Device), CMOS(Complementary Metal Oxide Semiconductor)가 대표적입니다. 청각센서로는 음향을 기계에 저장하거나 작은 소리를 크게 듣게 해주는 마이크로폰 센서가 있습니다. 외부의 온도, 습도, 압력처럼 다양한 감각을 기록하는 피부의 촉각기능을 응용한 촉각센서는 사물기기들의 전자피부에 응용됩니다. 다양한 냄새를 감지해 사고를 예방하는 후각센서는 가스오븐, 공기청정기처럼 미세한 냄새에 반응하는 제품들에 활용되고 있습니다. 미각과 관련된 전자제품에 구현된 미각 센서 외에도 움직임, 진동을 읽는 모션 센서는 웨어러블 기기에 많이 사용됩니다. 게다가 특정한 화학물질에 반응하는 바이오센서는 스마트헬스케어에 많이 활용되고 있답니다.[11]

이처럼 센서장치로 일상에서 수용한 감각적인 데이터들을 분석, 정보처리한 후 실시간 유용한 서비스로 제공할 수 있는 것이 사물인터넷

11 편석준 외 지음, ≪사물인터넷: 실천과 상상력≫, 미래의 창, 2015, 72~82쪽 참조.

기술의 주요한 쟁점입니다. 따라서 사물기기의 센서가 생명체의 자율신경계를 재현하는 것이 중요합니다. 왜냐하면 생명체의 자율신경계는 주변 데이터를 수용해 반사신경과 중추신경 사이에서 맹목적인 것과 지능적인 내용을 횡단하며 새로운 환경을 창조하기 때문입니다. 다양한 일상의 데이터를 전자신호로 번역하는 센서는 결국 사물인터넷의 자동화를 가능하게 해주는 핵심 장치랍니다.

요컨대 사물인터넷의 성공은 생명체의 자율 신경계처럼 일상에서 발생하는 데이터들을 수집한 후 분석, 종합해서 새로운 정보 서비스로 제공할 수 있는 스마트센서 개발에 달려있다고 봅니다. 피부감각이 신체를 물리적으로 감싸고 보호하며 외부 자극에 반응하는 동시에 내면의 자아를 드러내듯이 최근 디지털기기에는 두 개 이상의 복합기능을 수행할 수 있는 스마트센서가 장착되고 있습니다. 인간의 지능도 뇌를 감싸는 회백질의 외부 층인 피질, 즉 뇌의 피부에서 이루어지기 때문에 뇌의 고립된 지적 활동이 아니라 피부의 감각기관들과 연결된 행위입니다. 따라서 스마트센서도 외부의 정형적인 데이터 외에 비형적인 데이터도 수용하며 감각적인 기능 넘어 데이터를 분석해 정보처리 하는 지적 기능과 네트워크 기능까지 정교하게 실행하는 고기능의 복합 센서로 진화 중입니다. 감각적인 데이터에서 지능화된 정보를 생성하기 위해 두 개 이상의 센서를 탑재한 복합 센서는 개인에게 특화된 맞춤형 서비스 제공을 목표로 하기 때문입니다. 두 개 이상의 센서로 이루어진 스마트센서는 생명체의 센서처럼 센서의 지능화를 추구하는 것입니다.

현대인은 초소형 사물기기부터 인공위성까지 센서를 탑재하고 오프라인과 온라인을 연결하는 네트워크를 통해 사물인터넷의 세상을 완성하려고 합니다. 반사신경과 뇌의 중추신경이 상호작용하는 인간의 신경계에는 감각적인 데이터와 지능적인 내용을 명백히 분리할 수 없는 중첩되거나 애매한 영역이 존재합니다. 몸의 신경계가 제공하는 데이터에는 우리가 사용하는 언어와 코드로는 명확히 분석할 수 없는 불확실하고 예기치 않은 우연한 것이 존재하는데 사물의 인공센서가 과연 그런 것들도 전자신호로 번역할 수 있을까요? 최고의 효율성과 최적의 편리함을 추구하는 사물인터넷과 달리 인간은 상황에 따라 효율적이지 않은 행동도 한답니다. 또한 빠르게 뛰는 심박수는 '사랑하는 감정', '심장병', '두려움', '호기심'처럼 다양한 원인의 표현일 수 있기 때문에 사물인터넷의 센서는 이처럼 애매하고 미묘한 상황의 데이터들을 감지해서 그 의미를 분석하고 정보화 할 수 있도록 감각과 지능 사이를 오가는 복합 센서가 필요합니다.

4 사물들, 인간과 동등하게 연결할 수 있나요?

스마트 가전이나 헬스케어 제품들이 현실에서 취득한 데이터를 신속한 서비스로 제공하거나 교환하기 위해서는 센서들을 연결하는 네트워킹과 플랫폼 구축도 중요합니다. 센서를 탑재한 디지털 기기들은 서로 정보를 교환하는 네트워킹을 통해 연결된 환경을 만드는 동시에 그 환경에 맞춰 스스로를 조절하는 '연합환경'을 만들어 갑니다. 사물인터넷은 스마트기기들을 센서와 플랫폼으로 상호작용하는 생태계를 구축해 인간이 온전히 제어할 수 없는 몸, 자연, 기술을 이해하며 보완하려고 합니다.

과거에는 인간이 정보를 생산하는 주체이고 사물은 객체로 취급되어 왔지만 다양한 사물들이 신속하게 연결되어 정보를 생산하는 것이 핵심인 사물인터넷에서 과연 인간과 사물은 정보를 생성하는 주체와 소비되는 대상으로 뚜렷이 구분될 수 있을까요? 기술 없이 살아갈 수 없는 현대에 기술이 인간의 욕망을 실현시켜 준다고 우상화하거나, 암울한 디스토피아를 초래할 거라고 속단하고 인간주의만을 외칠 수 없게 되었습니다. 기술적인 사물들이 인간과 하나로 연결될 세상을 꿈꾸는 사물인터넷은 더 이상 인간과 사물을 주체와 객체로 대립시키는 관점으로는 이해할 수 없습니다. 다시 말해 인간이 중심이고 사물이 수동적인 대상으로만 취급되는 비대칭적인 관계로는 현대 디지털 생태계를 제대로 이해할 수 없습니다. 오늘도 우리는 침대, 냉장고, 전기밥솥, 커피머신, 책상, 엘리베이터, 전철, TV, 스마트폰... 처럼 다양한 사물들과 관계 맺으며 살아가고 있기 때문입니다.

기술에 대해 더욱 급진적인 입장을 지니고 최근 모든 영역에서 뜨거운 논쟁거리로 부상한 "행위자네트워크 이론(Actor-Network Theory, ANT)"은 사회를 '인간과 사물들의 동맹적 네트워크'로 이해합니다. ANT란 과학

기술학(Science and technology Studies, STS)을 연구하는 브루노 라투르(B. Latour), 미셸 칼롱(M. Callon), 존 로(J. Law)가 주축이 되어 1980년대 중반에 사회를 미시/거시의 관점, 인간/사물로 분리해 통찰하는데서 벗어나야 한다고 주장합니다.[12] 따라서 ANT는 인간이 관계 맺은 자연, 기술 사물대상에 따라 인간의 삶도 탈바꿈될 수 있기 때문에 그것들에게 인간과 동등한 행위자의 지위를 부여합니다. 최근에 ANT는 인간이 비인간 사물과 다양하게 관계 맺은 네트워크, 특히 과학과 기술이 활용되는 사회적 상황과 맥락을 연구하고 있습니다. 실제로 인간은 식수가 되는 강물, 시원한 그늘과 공기를 정화시켜 주는 나무, 발효를 도와주는 균과 같은 자연의 행위와 공동체의 삶을 영위할 수 있게 해주는 법과 제도들의 사회적 행위, 자동차와 스마트폰처럼 기술적 행위와 관계 맺어야 삶을 영위할 수 있습니다. 인간은 자연적인 사물과 인위적인 사회적, 기술적 사물과 더불어 살 수 있는데도 언제나 인간의 행위에만 주목해 왔습니다.

이처럼 인류는 시대마다 각기 다른 사물들과 연결됨에 따라 다양한 사회와 문화를 꽃피울 수 있었기 때문에 ANT는 이런 사물들을 인간과 동등한 행위자로 인정해야 한다고 주장하는 것입니다. 특히 라투르는 사회를 인간과 비인간 사물이 동등하게 대칭적으로 연결된 '행위자네트워크'로 연구해야 한다고 합니다. 이때 네트워크란 이미 인간적이고 기술적으로 구축된 네트워크가 아니라 '관계, 연결'에 따라 재구축될 수 있는 네트워크를 의미합니다. 그렇다면 사회는 보이지 않는 어떤 법칙에 따라 발전하는 것이 아니라 '다양하고 이질적인 것들의 연결'이 변화시키는 것으로 보아야 하지 않을까요? 이를테면 내가 무엇과 관계 맺느냐에 따라 나의 인생이 달라지고, 이런 각각의 '나'들이 연결된 집단이 사회를 형성하기 때문입니다. 어떤 사람은 주로 기술과 관계 맺는 삶을 통해 기술자

12 브루노 라투르 외, ≪인간·사물·동맹≫, 홍성욱 엮음, 이음, 2010, 20~31쪽 참조.

가 되고, 어떤 사람은 자연과 함께 하며 농부나 어부가 되고, 어떤 사람은 악기와 관계 맺어 음악가가 되듯이 인간은 다양한 사물들과 연결하면서 각자의 삶은 물론 사회를 구축해 갑니다. 이처럼 ANT는 자연이나 기술 같은 비인간도 인간과 함께 행동하면서 개개인의 고유한 삶을 구축하고 변화시킬 수 있기 때문에 기술을 인간과 동등하고 대칭적인 것으로 여긴답니다.

특히 탑재된 센서로 서로 연결하며 새로운 가치를 창출하려는 사물인터넷의 네트워크에서 '능동적인 행위자'가 된 사물들을 발견할 수 있습니다. 왜냐하면 '연결할 수 있는 모든 사물'은 정보를 생성하는 행위 주체가 되어 사회를 변화시키려는 네트워크를 역동적으로 만들기 때문입니다. 그렇다면 더 이상 주체와 객체로 구분할 수 없는 사물들을 연결해 독립적인 사물로는 기대할 수 없었던 새로운 가치와 의미를 창출하려는 사물인터넷의 목표는 어떻게 실현될 수 있을까요? 인간을 포함해 잡종의 사물 집합체가 생성하는 정보는 개별 기기들이 제공한 정보를 단순히 총합한 것인지, 아니면 이종적인 인간과 디지털 기기들이 다른 방식으로 새로운 정보를 생성하는지 살펴보아야 합니다.

사물인터넷의 네트워크는 단순히 서로 떨어져 있는 인간과 사물기기들을 물리적으로 연결한 상태만을 의미하지 않습니다. 사물인터넷에서 인간과 사물기기들은 각자 다른 '특이성과 전문성'을 유지하면서 상호작용하는 네트워크를 구축해야 합니다. 인간의 행동이란 몸의 여러 기관들을 단순히 결합해 놓은 결과물이 아니라 행동하고자 하는 의도에 맞게 통합되어 재구축된 것입니다. 마찬가지로 사물인터넷의 네트워크도 인간과 각기 다른 사물기기가 사물인터넷이 지향하는 것을 목표로 상호작용하며 새롭게 재통합한 것입니다. 이를테면 세탁기, 에어컨, 오디오, 냉장고 같은 스마트가전과 구글글래스, 스마트워치, 패치형의 스마트 웨어러블 제품들이 상호작용으로 생성한 정보는 개별 기기들이 독립적으로 생산할 수 없는 '지금-여기'의 상황에 적합한 새로운 관계적 가치와 의미, 즉 잠재적인 가치와 의미'를 지닙니다. 관계적 가치를 지닌 정보는 사용자의 의도와 상호작용하면서 다시 새로운 정보로 탄생하게 됩니다. 요컨대 사물인터넷이 추구하는 것은 아직 알려지지 않았지만 서로 다른 기기의 데이터들이 관계맺음을 통해 창출하는 정보의 효율성과 가치가 아닐까요? 사물인터넷의 네트워크가 제공하는 정보는 이처럼 다양한 기기들이 서로의 데이터를 교환해서 새롭게 생성한 것이므로 사물기기 각각의 데이터는 지속되더라도 단독으로 작동할 때의 정보를 넘어선 것이기 때문입니다. 결국 다종의 사물기기들을 결집한 사물인터넷의 초연결성이 산출하는 정보와 서비스는 개개 사물 위주의 정보가치에서 벗어난 상호작용의 가치를 지닙니다.

5 사물인터넷, '행복한 플랫폼'이 될 수 있을까요?

사물인터넷의 기기들은 센서에 의해 자발적으로 상호 소통하며 작동하기 때문에 더 이상 수동적인 객체가 아닙니다. 이런 사물의 능동적인 성질이 사회를 긍정적으로 변화시키는데 기여하면서도 인간을 제어하는 부정적인 힘으로 작용할 수 있습니다. 점점 인간처럼 진화하는 기계와 인간이 연결됨에 따라 서로 조화로운 공생 관계를 유지하지 못하고 인간의 역할은 배제되거나 제어될 수 있습니다. 인간보다 지적 능력이 우월하고 자율적인 판단능력도 지닌 슈퍼컴퓨터, '트랜센던스'의 초월적인 힘이 네트워크를 통해 인류를 지배하고 지구의 파멸을 그린 영화, <트랜센던스>의 메시지입니다. 최고의 효율성으로 최대의 이윤을 남기려는 자본의 욕망과 달리 과연 사물인터넷의 네트워크는 인간과 협력적이되 대칭적인 관계를 유지하며 인간적인 삶의 가치를 짓밟지 않은 효율성을 추구할 수 있을까요?

착용자가 바라보는 모든 장면이 실시간으로 기록, 저장되는 스마트안경의 편리함은 유리감옥 같은 심각한 개인 정보 유출이란 문제를 야기하고 있습니다. 최근에는 운전, 주차의 자동화를 목표로 하는 테슬라 전기차의 무인자동차 프로그램이 해킹당하거나 인간의 직관수준에 이르지 못해 많은 사람들의 생명이 안전할 수 없다는 염려가 실제 교통사고로 나타나고 있지요. 이질적이고 이종적인 인간과 디지털 기기의 연결이 어느 한쪽으로 온전히 귀속되거나 제어당하지 않고 진정 동등하게 상호작용하는 세계를 형성할 수 있을까요? 요컨대 사물인터넷이 제공하는 서비스가 인간 배제 또는 개인정보 유출, 시스템 해킹과 다운으로 인한 폐해들을 최소화해 안전하고 행복한 플랫폼이 될 수 있나요?

프랑스의 기술철학자 시몽동은 인간이 자신의 편의를 위해 설계한 '기계의 자동성'이 인간의 욕망을 실현하기 위한 수단이 아니라, 인간이 참여해 함께 작동할 수 있는 여지로 보아야 한다고 강조합니다. 나아가 시몽동은 인간과 세계를 관계 맺어주고 정보를 운반해 주는 기계를 "교환역학적 존재"[13]로 정의합니다. 고유한 개별과학들은 교환역학(allagmatique)에 의해 서로 교류하는 관계를 통해 자신의 한계를 넘어서 구조들을 바꾸고 보편적인 사이버네틱스로 존재할 수 있다는 것이지요. 이를테면 사물들, 나아가 사물기기와 인간은 서로가 어느 한쪽으로 귀속되지 않으면서 상보적 위치에서 등가적인 관계를 유지하며 한 쌍의 앙상블처럼 행위한다는 것입니다. 그렇다면 사물인터넷에서 사물들 각각은 그 역할이 부분적이지만 다른 사물들과 연결해 앙상블 시스템으로 작동할 때 온전한 기술적 실재가 될 수 있습니다. 요컨대 개별 사물들 또는 인간이 중심이 되지 않고 상호작용하는 관계에서 새로운 플랫폼을 생성하게 된답니다. 특히 인간은 자기중심적 행동에서 벗어나 사회적인 집단을 만드는데 참여하며 타자들과 소통할 수 있게 되지요. 이처럼 인간은 디지털 시스템에서 기계와 쌍이 되어 서로에게 종속되지도 통합되지 않고 동등하게 정보를 교환하며 작동하기 때문에 새로운 환경을 창조할 수 있습니다.

기계의 반복적인 자동성이 인간의 능력을 빼앗는 것이 아니라 오히려 인간과의 협업을 통해 창의성을 실현할 수 있다는 것입니다. 인간은 사물기기와 짝이 되어 새로운 정보를 창출하며 실현되지 않은 서로의 잠재적인 역량을 개발할 수 있기 때문에 기계는 인간에게 위협적이지 않고 협력적인 관계로 진화해 나갈 수 있는 것입니다. 게다가 인간은 주어진 상황에 수동적으로 적응하지 않고 항상 자신의 실존에 대해 문제를 제기하는 존재랍니다. 이런 존재론적 특징으로 인해 인간은 자신이 지향하는

---

13 Gilbert Simondon, *L'individuation à la lumière des notions de forme et d'information*, Grenoble, Millon, 2005, p.524.

것을 실현하기 위해 끊임없이 다른 사람, 사물과 관계 맺고 소통하는 상호세계를 형성하고 주어진 상황을 넘어서려고 합니다. 사물인터넷의 네트워크도 방대한 데이터를 분석하고 상황을 직관하는 초월적인 인공지능이 되어 인간을 조정하고 지배하지 않기 위해서는 사물들끼리의 자동 연결이 아닌 인간과 함께하는 감각적, 감성적인 네트워킹이 필요합니다.

인간은 더욱 지능화, 자동화되어 가는 디지털 시스템에 참여해 자신의 잠재적인 창의성을 실현하며 상호세계를 만들어 가야 하지 않을까요? 다시 말해, 인간과 기기들의 소통은 진정한 상호 네트워크를 위해 서로에게 부속품으로 전락해도 안 되고 그렇다고 하나로 합체 되지도 말아야 합니다. ICT 시스템과 인간이 결합한 사물인터넷은 결국 '혼종의 집합체'로서 어느 한쪽이 중심이 되지 않는 부단히 새롭게 관계 맺어가는 앙상블인 '제3의 기술 집단'이 될 것입니다. 각자의 독특함은 유지하되 하나의 네트워크로 소통하는 이중적인 관계를 지속할 수 있는 시스템에서 인간이 기계가 되어 버리거나 기계가 인간을 지배하는 극단적인 파국을 피할 수 있다고 봅니다. 사물인터넷에서 인간과 다양한 사물들은 주체, 객체의 관계에서 벗어나 상호 침투하며 서로 연결되지만 온전히 동일하게 되지 않는 '거리'를 둔 상호작용이 필요하지 않을까요?

내 몸이 물질적인 육체와 보이지 않는 정신으로 명확히 분리될 수 없듯이, 세계는 온전히 나만의 것도 타인의 것만도 아니고 서로 연결되고 얽혀 있습니다. 내가 나와 다른 몸을 지닌 타인, 자연, 사물과 소통하고 이해할 수 있는 것은 무엇보다도 서로를 연결해 주는 공통되는 것이 있기 때문입니다. 이를테면 나와 타인은 서로 다르지만 감각적인 몸을 매개로 보고 만지고 느끼는 정서적 관계를 통해 공감하면서 어느 새 하나로 연결되어 소통할 수 있듯이 말입니다. 메를로퐁티는 내 오른손으로 내 왼손을 만질 때 두 손 사이의 감각적인 교차가 나와 다른 몸을 지닌 타자(타인, 자연, 사물)와의 연결을 이해시켜 줄 수 있다고 보았습니다. 만지는 오른손과 만져지는 왼손처럼 내 몸의 이중적 특징은 사물과 연결될 수 있는 상호관계의 단서가 됩니다. 왜냐하면 주체이자 대상인 몸이 나를 타인, 사물, 자연과 하나로 연결시켜 서로에게 공통되는 상호세계를 만들어 주기 때문입니다. 따라서 메를로퐁티는 나와 타인, 의식과 사물은 무엇보다 감각적으로 교차하며 서로에 침투해 연결하는 역동적인 운동을 '키아즘(chiasme, 교직교차)'[14]이라고 칭하고, 상호세계를 만드는 원리라고 강조합니다. 서로 뒤엉켜 겹쳐진 공통지대는 상대 쪽을 이해하고 소통할 수 있는 상호세계를 형성하기 때문입니다.

그러나 아무리 우리가 서로에게 침투해 있어 공감한다손 치더라도 내가 네가 될 수 없고, 네가 내가 될 수 없듯이 그 공감은 온전히 완성될 수 없는 '틈'을 지닙니다. 우리는 상호 연결되어 소통할 수 있는 공통적인 것을 지니면서도 이 '틈'으로 인해 온전히 하나가 되지 않고 다르게 존재할 수 있는 것입니다. 인간과 자연, 세계를 하나로 연결하지만 하나로 통일되지 않는 원리인 '키아즘'이 사물인터넷 세상의 모델이 될 수 없을까요? 인간과 사물기기들 간의 긴밀한 소통과 협력이 필요해 더욱 첨단화, 자동화되어 가는 사물인터넷의 네트워크도 특정한 형태로 균질화되거나 동화되지 않기 위해서는 이와 같이 거리를 둔 상호협력이 필요합니다. 사물들 간의 행위는 물론 사물과 인간의 행위가 서로 연결해 효용성을 창출하는 사물네트워킹이 효율적인 가치를 생산하면서도 그 네트워킹에 인간이 배제되지 않고 행위가 유의미하기 위해서는 사물들끼리의 다름, 기계와 인간의 다름이 유지될 때입니다. 어찌 보면 사물인터넷의 성공이란 사물들은 물론 인간이 각기 고유한 능력과 영역을 연결하는

14 모리스 메를로-퐁티, ≪보이는 것과 보이지 않는 것≫, 남수인·최의영 옮김, 동문선, 2004, 378쪽.

행위에서 가능하므로 오히려 그 연결은 하나로 같아지는 것이 아닌 서로의 고유한 영역을 구별할 수 있되 분리하기 힘든 연결의 실천이라 볼 수 있습니다.

결국 고도의 복합적인 맞춤 서비스를 위한 사물인터넷의 정보화는 서로 다른 기기들이 제공한 데이터를 연결한 서비스이기 때문에 인간과 다양한 사물들이 복합적으로 상호작용할 수 있는 플랫폼에서 가능합니다. 디지털 시스템의 연결로 인간과 기계의 경계가 점점 흐려지고 혼종화될지라도 동일화, 전일화 될 수 없게 만드는 틈은 사물기계가 중심이 되어 자연과 인간이 소외되거나 황폐화되는 것을 막을 수 있어 새로운 의미와 경험을 창출하도록 끊임없는 역동적인 연결을 가능하게 해 줍니다. 인간과 사물기기들의 접촉과 분리를 가능하게 해주는 그 틈은 인간과 사물기기들이 하나로 연결되더라도 각각의 특이성, 전문성을 유지할 수 있게 해줍니다. 그 결과 서로 '다름'을 보존하면서도 단일한 네트워크를 구축할 수 있는 새로운 '관계적 가치'를 생산할 수 있습니다. 또 그 틈은 인간의 지혜와 사물의 인공지능이 조화를 이룰 수 있게 해 줍니다. 나아가 그 틈은 검색될 수 있는 정보와 검색될 수 없는 것이 교류하며 창발적인 것이 생성할 수 있게 해줍니다.

6 IoT, 나-사물-너의 행복한 '기술공동체'를 위하여

인공센서와 ICT 기술은 데이터의 신속한 취득, 전달, 재조합에 의해 사물들도 정보를 생성하며 인간과 소통할 수 있는 혁신적인 플랫폼 시대로 진입하게 해 주었습니다. 쓰나미처럼 몰려오는 사물인터넷은 결정되고 변함없는 것에 대한 관심보다 서로 다른 것들을 연결해 새로운 솔루션과 가치를 창조하려는 현대인의 욕망과 ICT 기술이 만나 탄생한 것입니다. 모든 기술은 양날의 칼처럼 양면성을 지니기 때문에 반드시 긍정적이거나 부정적인 면만 지니지 않습니다. 아무리 좋은 기술과 정책도 그것을 활용하고 실천하는 사람의 의도에 따라 다른 결과를 초래하기 때문입니다. 우리는 급속한 기술발전을 염려하고 두려워하면서도 기술이 제공하는 안락한 삶을 포기할 수 없게 되었습니다. 기술자체만을 문제 삼거나 기술 발전만을 목적으로 삼지 말고 기술을 인간 문화에 응용하여야 합니다.

사물인터넷 기술은 기존 스펙터클 문화가 초래한 일방적인 권력에서 벗어나 상호 소통과 상생의 문화를 만들어 가게 해줍니다. 이제 사물들은 인간의 단순한 도구나 조력자가 아닌 정보 생성과 소통을 추구하는 문화를 위해 인간과 동반자가 되어가고 있습니다. 이처럼 사물인터넷의 사물들은 인간과 함께 정보 생산자이자 소비자가 되어 더 이상 분리될 수 없는 '기술공동체'를 구축하고 있습니다. 다시 말해 과거에 사람들은 각자 도구를 활용해 개인의 능력만을 향상시킬 수 있었지만, 현대 정보기술 사회에서 인간은 사물 시스템과 상호작용하는 기술 활동을 통해 인간중심주의를 벗어나면서도 여전히 인간적 가치를 창출할 수 있게 되었습니다.

이제 우리는 센서, 무선네트워크를 장착하거나 스마트폰과 연동된 사물기기들과의 네트워킹을 통해 새로운 휴머니즘과 자유를 추구하는 초연결시대에 살고 있습니다. 실시간 데이터의 흐름과 관계를 구축하는 사물들의 네트워크는 음성통화, 메시지, 건강운동관리 앱은 물론, 모바일 결제시스템과 연결하고 패션산업과도 협업하는 스마트워치처럼 다른 산업과의 협업을 통해 종합적인 차원의 서비스를 제공하고 있습니다. 상호 협력 관계에서 생성된 정보는 언제나 주위 상황, 환경에 맞게 바뀔 수 있습니다. 스마트안경, 스마트워치, 스마트밴드 같은 웨어러블 기기들은 점점 고성능의 다기능 센서를 탑재하고 다른 사물기기들과 인간을 하나의 시스템으로 연결하며 사물인터넷 환경을 가속화하고 있습니다. 마침내 사물인터넷은 자율주행차 개발을 통한 스마트카를 설계함으로써 시민들의 일상을 효율적으로 제어하며 쾌적하게 만드는 스마트시티를 구현하려고 합니다. 그 결과 사물들이 제공하는 정보 서비스 덕분에 인간은 보다 많은 시간을 자신에게 투자하거나 병도 예방할 수 있어 삶을 질적으로 향상시킬 수 있게 된다고 합니다.

그러나 네트워크를 통해 공유된 개인정보로 사생활은 더욱 투명해지고 시스템 해킹으로 보안과 안전 문제도 더욱 심각한 결과를 초래할 수 있습니다. 또한 갈수록 점점 많은 사물기기들이 연결됨에 따라 정형화되지 않은 데이터의 양도 늘어나기 때문에 빅데이터의 잠재적 가치를 옵션가치와 의미 있는 정보로 분석해 서비스로 제공하는 데이터 마이닝(Data Mining)이 사물인터넷의 핵심이 될 것입니다. 아울러 사물인터넷을 활성화하기 위해 규제를 완화하는 진흥법 외에도 맞춤형 개인 서비스와 공공 서비스로 더욱 취약해진 개인 정보 해킹과 남용을 막기 위한 법 제정도 신속하고 세밀하게 구축되어야 합니다. 그러나 무엇보다도 가장 큰 문제는 이종적인 모든 것을 연결해 편리한 삶을 목표로 하는 사물인터넷의 거대하고 거시적인 욕망으로도 여전히 제어하고 분석할 수 없는 애매하고 감성적인 데이터들이 존재한다는 것입니다.

인공지능 전문가들은 가까운 미래에 기계가 스스로 학습하는 딥러닝을 통해 자발적으로 사유할 수 있게 된다고 주장합니다. 사물인터넷의 센서도 애매하고 미묘한 상황을 빠르게 감지할 수 있게 지능화된 복합센서로 발전할 것입니다. 요컨대 가장 중요한 것은 점점 지능화, 자동화 되어 가는 사물들의 네트워크가 인간을 온전히 배제하거나 제어하지 않고 인간과 함께 공생할 수 있는 스마트 플랫폼이 되어야 합니다. 그러기 위해서는 사물들 각자가 인간의 사유를 초월해서 지배하는 '강한 인공지능'보다는 '약한 인공지능'으로 남아 연결을 통한 개개 사물들의 잠재적인 가치를 실현하는 것이 더 중요하다고 봅니다. 사물인터넷의 초연결이 효율성의 극대화보다 사람들과 동반자가 되는 기술 공동체가 되기 위해서는 완전한 자동연결보다 인간의 균형 잡힌 판단과 상호작용 해야 되지 않을까요? 아울러 최첨단 사물기기들의 디지털 네트워크는 아날로그적인 기계와도 상호작용할 수 있는 사물인터넷이 되어야 한다고 봅니다.

나아가 오프라인과 온라인을 연결한 사물인터넷이 생산한 방대한 정보는 개인을 위한 맞춤형 서비스 외에 공공의 서비스가 될 수 있는 지점을 찾아야 합니다. 사물인터넷의 네트워크는 약자와 소외된 사람들에 보다 많은 관심으로 연결해 사회복지에 기여할 수 있습니다. 국가, 회사, 도시의 체제 및 개인 삶의 효율적인 운용과 이윤 창출을 위한 사물인터넷도 중요하지만 사회 소외층과 빈곤층을 위한 스마트 서비스는 더욱 가치 있는 '잠재적 효율성과 의미'를 실현할 수 있다고 봅니다. 따라서 사물인터넷의 공유 인프라로 보다 긍정적인 효과를 낼 수 있는 것은 복지사의 손길이 다 미치지 못하는 사회적 약자들의 삶과 연결시키는 영역입니다. 학자들은 베이비붐 세대(1955-1947년생)가 인구의 30% 이상 되는 2020년경에 우리나라가 초고령사회로 전환될 것이라고 진단합니다.

이처럼 세계에서 고령화가 가장 빨리 진행되지만 건강과 의료분야의 재정이 취약한 노인 복지와 서비스는 물론 고독과 우울로 인한 자살도 예방하는 사회복지에서 사물인터넷은 보다 적극적인 공공의 가치를 창출할 수 있습니다. 사물인터넷을 활용해 노약자의 돌봄, 질병 예방 및 치료를 일원화한다면 국가는 의료비와 복지부담을 절감할 수 있다고 봅니다. 일상과 문화생활에서 건강과 복지는 물론 거동과 소통이 불편한 노약자에게 웨어러블 기기를 활용한 사물인터넷의 네트워크는 자본의 욕망만을 뒤쫓지 않고 진정한 의미의 사회통합을 위해 소통과 삶의 질을 향상시킬 수 있는 행복한 '기술공동체'의 연결망이 될 수 있지 않을까요?

04

인간-사물, 그 오래된 그러나 항상 새로운 생성의 네트워크 : 애니미즘

김진택

04 인간-사물, 그 오래된 그러나 항상 새로운 생성의 네트워크 : 애니미즘

김진택

1 자연법, 그리고 애니미즘

2008년 7월 7일에 에콰도르에서는 다소 특별한 국민투표가 있었습니다. 숲과 바다, 강, 나무들에게 헌법적 권리를 주는 자연권(Right of Nature)[15]

---

[15]Rights of Nature Articles in Ecuador's Constitution

Title II Fundamental Rights

Chapter 1

Entitlement, Application and Interpretation Principles of the Fundamental Rights

Art.10 Rights Entitlement.- Persons and people have the fundamental rights guaranteed in this Constitution and in the international human rights instruments. Nature is subject to those rights given by this Constitution and Law.

Chapter 7th: Rights for Nature

Art.71. Nature or Pachamama, where life is reproduced and exists, has the right to exist, persist, maintain and regenerate its vital cycles, structure, functions and its processes in evolution. Every person, people, community or nationality, will be able to demand the recognitions of rights for nature before the public organisms. The application and interpretation of these rights will follow the related principles established in the Constitution. The State will motivate natural and juridical persons as well as collectives to protect nature; it will promote respect towards all the elements that form an ecosystem.

Art.72. Nature has the right to restoration. This integral restoration is independent of the obligation on natural and juridical persons or the State to indemnify the people and the collectives that depend on the natural systems. In the cases of severe or permanent environmental impact, including the ones caused by the exploitation on non renewable natural resources, the State will establish the most efficient mechanisms for the restoration, and will adopt the adequate measures to eliminate or mitigate the harmful environmental consequences.

을 헌법에 반영하는 국민투표가 실시되었고, 에콰도르 국민들은 이 자연권을 통과시켜 헌법을 개정합니다. 당시 라파엘 코리아 대통령은 기간산업에 대한 국가 통제와 유휴 농지를 국민들에게 재분배 하는 농지개혁 관련 법안과 자연권 등의 개헌안 통과를 적극적으로 주도하여 헌법 개정에 성공했다고 합니다. 7년 전, 당시 유럽 국가는 물론 많은 국가들의 비상한 관심과 주목을 끌었었지만 우리에게는 그저 '세상에 이런 일이!' 정도의 프로그램에서나 회자되는 화젯거리 이상의 반향은 없었던 일이었습니다.

에콰도르 헌번 10조와 71－74조에 명시된 이 자연권은 자연계의 모든 생물들에게 지속적으로 존재하며 재생산하고 진화할 수 있는 권리를 부여하는 내용을 담고 있습니다. 여기서 국가는 환경의 파괴와 생태계의 멸종을 예방하는 임무와 동시에 자연 개발에 제한을 두어야 하는 의무를 지게 됩니다. 국가가 이러한 의무를 올바로 이행하지 못할 경우 국민들이 자연권을 행사하여 국가를 상대로 소송을 할 수 있습니다. 자연에게 스스로를 지키고 보호할 수 있는 권리를 주고 그 권리를 국민들이 양도받아 국가의 잘못된 행동을 제한하고 감시하는 것이죠.

에콰도르의 자연권은 헌법의 기본권 조항에 들어있는데요, 모든 국민

Art.73. The State will apply precaution and restriction measures in all the activities that can lead to the extinction of species, the destruction of the ecosystems or the permanent alteration of the natural cycles. The introduction of organisms and organic and inorganic material that can alter in a definitive way the national genetic patrimony is prohibited.

Art.74. The persons, people, communities and nationalities will have the right to benefit from the environment and form natural wealth that will allow wellbeing. The environmental services are cannot be appropriated; its production, provision, use and exploitation, will be regulated by the State.

http://therightsofnature.org/wp-content/uploads/pdfs/Rights-for-Nature-Articles-in-Ecuadors-Constitution.pdf

은 자연권을 공공조직과 기관에게 행사할 수 있다고 천명되어 있고, 자연은 스스로 내재적인 복원의 권리를 가진다고 명시하고 있습니다. 국가는 모든 활동에서 생태계와 자연 순환의 영구적인 존속을 위협하는 파괴를 제한할 수 있는 모든 조치를 해야 하고, 국가지정보호 생물/무생물 모두에게는 무분별한 유전자 조작은 금지됩니다. 그 대신 모든 국민은 건강하고 풍요로운 자연과 환경을 향유할 수 있는 권리가 있구요, 이러한 권리를 정부 및 공적 기관이 준수하지 않을 경우 에콰도르의 국민은 자연권을 행사, 행동을 취할 수 있습니다.

애니미즘적 세계관이 현대 사회의 한 국가의 헌법에 명시되어 실천되고 있습니다. 이것은 에콰도르의 안데스의 원주민과 국민들이 예로부터 '어머니 자연'을 의미하는 파차마마(Pachamama)에 대한 사랑을 실천한 일이기도 합니다. 모든 존재들의 총체, 모든 것에 생명을 부여하는 '생명 전체의 어머니'로 이해한다고 하는 파차마마라는 말은 서구의 창조신과 달리 생명의 어머니이자 생명의 터전, 대자연이자 우주를 의미한다고 합니다.

2 존재의 활력으로서의 애니미즘

프랑스의 철학자이자 인류학자인 레지스 드브레는 '이미지의 삶과 죽음'이라는 책에서 단어 'image'에는 마술이 있다고 합니다. 마술적인 힘이 있다는 얘기를 하고자 하는 것이기도 하지만, 나름 언어유희적 차원에서 image의 철자가 magie(마술, 마법)의 철자와 순서만 다를 뿐 알파벳은 동일하게 가지고 있다는 말도 하는 셈입니다. 그래서 'image에는 magie가 있다'는 표현이 주는 묘한 뉘앙스가 있습니다. 우리가 살펴보고자 하는 것은, 이미지에는 정말 마술적인, 주술적인 힘이 분명 있다는 것입니다. 어찌 어찌해도 살아있는 힘이.

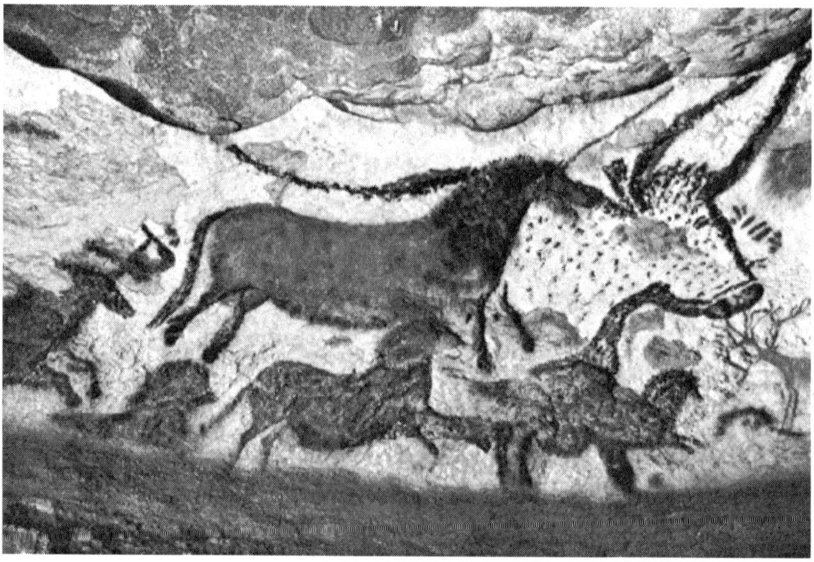

[그림 1] 라스코 동굴 벽화 1

[그림 2] 라스코 동굴 벽화 2

잠시 프랑스의 라스코 벽화 얘기를 해보죠. 지금부터 2만 여 년 전 그곳에서 살았던 신석기인들이 자기들 사는 동굴에다 그려놓은 벽화를 알고 계실 거예요. 실제로 기회가 되어 가 본 적이 있습니다. 거짓말 조금 보태 뒤로 자빠질 뻔 했습니다. 고등학교 시절, 세계사 책에 주민등록증 만하게 나왔던 그 벽화의 사진의 기억으로 인해 그들의 그림은 언제나 주민등록증 크기였고 언제나 흑백이었는데, 실제 규모가 엄청났더랬습니다. 크고, 넓고, 깊고, 높았습니다. 장관이었습니다. 동굴이기에 360도 스크린을 가득 채운 그림들. 오른쪽 벽면에서 버팔로 조상뻘 되는 소들이 뚜벅뚜벅 지나가면 그 맞은 편에서는 덩치가 우람한 양들이 걸어옵니다. 전면에서 사슴들이 버티고 서있는가 싶으면 그 사슴들 앞과 옆으로 말들이 한가롭습니다. 크기가 실물 크기가 많았고 동물들의 제스처와 형태와 동작들은 지금이라도 동굴 밖으로 뛰어 나가 달리는 듯합니다. 돌가루와 꽃가루, 나무뿌리, 식물들의 진액, 동물들의 피와 체액들을 원료로 사용한 화려하고도 장엄한 그림들은 아마도 동굴에서 지피는 불꽃들이 일렁일 때마다 꿈틀꿈틀 살아 움직임을 더욱 뽐내었을 겁니다. 그저 압도당하는 일에만 충실하면 되는 일이었습니다.

물론, 그곳에서 제가 본 벽화는 2만여 년 전의 신석기인들의 그림 그대로의 모습은 아닙니다. 발굴 후 이 동굴은 일반인에게 공개되었습니다. 전 세계 수많은 사람들이 그들의 '넋'을 빼두고, 놓고 돌아갔습니다. 그러나 그 황홀한 체험은 후손에게 커다란 대가를 치르게 합니다. 생명과 자연의 오묘한 질서는 그렇게 만만한 것이 아니었습니다. 현대인들이 만들어 놓은 대기의 공기 중에 있는 공해 물질과 현대인들이 숨 쉬고 몸에 지니고 사는 박테리아와 바이러스들은 동굴의 그림들을 갉아먹기 시작했습니다. 형체는 흐릿해져 갔고 색들은 생동감을 잃어가기 시작했습니다. 동굴은 폐쇄되었고 프랑스와 유네스코 세계 문화재 관리국은 길고도 긴 동굴 복원작업에 들어갑니다. '동굴의 크기와 형태가 똑같은 동굴을 만들자!' '그 당시 쓰였던 자연 염료들을 힘들지만 그대로 찾아 만들어 쓰자!' '많은 사람들의 작업으로 인한 화풍의 다양함이 원래의 그림을 다치지 않게 하자!' 그래서 복원 사업이 시작된 지 25년이 지난 지금도 라스코 동굴의 그림들은 당시 라스코 지방에 살고 있었던, 지금도 살고 있는 한 사람의 프랑스 화가에 의해 한숨 한숨 그려지고 있습니다. 필생의 역작. 소설 '마지막 잎새'를 연상시키는 필생의 역작입니다. 9시에 출근해서 5시에 퇴근하고 여름 바캉스도 있고 월차도 사용하는 화가에 의해 라스코 동굴 벽화는 그렇게 다시 살아나고 있습니다.

라스코에 살았던 신석기인들보다 더 오래 전, 그들의 거주지와는 반대쪽 대륙의 끝 한반도에 살았던 구석기인들이 남긴 울진 반구대 암각화가 잦은 범람에 그대로 방치되어 해마다 훼손이 심각하게 진행되고 있다고 합니다. 급격히 변한 지역 환경에 의해 강물의 수위가 일정치 않게 범람을 반복하고 수질마저 전과 같지 않은 상황이 이어지고 있는 것이죠. 이 범람은 이끼를 남기고 이끼들은 부지런히 바위에 자신들의 뿌리를 온몸으로 밀어 넣습니다. 겨울을 이기기엔 수분이 모자라는 이끼들. 그들이 떨어지면서 바위에 새겨진 그림들은 함께 떨어지고 조금씩 부서져 바람 속의 먼지로 그림이기를 멈추고 있습니다.

속상함은 속상함이고, 다시 주제로 돌아오겠습니다. '왜 하필 이미지일까?'입니다. 드브레가 앞의 책에서 묻는 질문입니다. 왜 그들은 다른 행위들이 아니고 이미지를 만들어내고 남기는 것일까요? 왜 긴 하루 동안 사냥하고 돌아오는 힘들고 지친 일과에도 불구하고 높은 벽에 올라 그 많은 동물들을 그려 놓았던 걸까요? 문명의 역사로 들어와 현재에 이르기까지 인류는 왜 그토록 이미지와 형상을 붙잡고 놓지 않고 있는 건가요? 왜 다른 것 말고 이미지일까요? 사실, 이미 우리는 답을 알고는 있습니다. 국사와 세계사 교과서에 나와 있습니다. '다산과 풍요를 기원했다'라고.

그 다산과 풍요를 기원하는 행위는 곧 존재와 사물의 애니미즘을 최대한 살려놓는 행위로서의 이미지를 구체적으로 형상화하는 일로 이어집니다. 내일은 꼭 사냥에 나가서 나의 가족들을 배부르게 해주고 따뜻한 잠을 잘 수 있게 해줄 수 있는 사냥감을 어깨에 메고 귀가할 수 있도록, 함께 사냥을 나가는 가족의 구성원들이 들짐승의 공격을 무사히 피하고, 혹 지나치다 만나는 다른 씨족민들과 아무 마찰 없이 평화로운 길을 지나 집으로 돌아 올 수 있도록, 튼튼한 아이들이 가족 구성원으로 자라나 나의 뒤를 이어 가족의 생계를 든든히 책임질 수 있는 구성원으로 자라날 수 있기를, 간절히 바라고 또 바라는 2만 년 전 가장의 마음이 뜨겁고도 엄숙하게 벽화의 이미지에 담겨 있는 것이 아닐까요? 포효하는 들짐승에 비해 턱없이 작고 왜소한 존재이지만 생존과 풍요의 간절한 마음이

벽에 그려지는 이미지에 담기고 그 힘이 강하게 살아나기를, 그 살아있는 힘이 강할 수록 나도 강하게 살아가기를 바라는 애니미즘의 힘과 접속하는 것이 아니었을까요? 그래서 드브레는 이미지(image)에는 마술적 힘이, 주술적 힘이 있다고 말하는 건가 봅니다. 이미지 속에는 이미 마술이 들어가 있고 이미지는 마법과 주술의 속성을 지니고 있습니다. 이 마법의 힘과 이미지와의 관계는 이미 마법과도 같이 신비롭게 촘촘하게 엮여 있습니다. 이미지(image)는 우리에게 마술(magie)을 겁니다. 파라오의 영원의 집인 피라미드, 집 자체가 거대한 이미지이고 집의 내부는 온통

[그림 3] 진시황릉 병마용상

[**그림** 4] 이스터 섬의 석상들

이미지와 형상들로 채워져 있습니다. 동아시아를 통틀어 그 크기와 규모로는 유례가 없다는 한반도 전역에서 발견되는 고인돌, 왜 그것이 필요했을까요? 그 바위를 옮기고 올리기 위해 얼마나 많은 사람의 희생이 뒤따랐을까요? 진시황이 잠들어 있는 무덤 앞에서 무너진 다른 한발의 중심을 간신히 한발로 버티어 서서, 깨어져 내린 머리를 악착같이 어깨에 걸쳐놓고서 2천년이 지난 지금까지도 그의 왕을 지키고 있는 진흙으로 빚어진 병사들.

이스터 섬의 사람들은 어떻게 그다지도 크고 우람한 석상들을 바다를 향해 세워 놓고, 아니 몸통만을 깊이 깊이 심어놓고 머리만을 바다를 향해 바라보도록 하고 사라진 것입니까? 이미지는 인류의 전 역사를 꿰뚫어 살면서 존재를 미치도록 떨리게 만들고, 하나의 사물을 그것으로만 존재하게 하지 않는 힘을 생산하고, 이 존재의 활력 자체, 운동 자체를 자신의 존재의 근원으로 만드는 영원히 신비로운 존재입니다.

3 방을 뺀 적 없는 애니미즘

합리주의적 세계관과 도구주의적 과학관이 모두 내쫓았다고 생각했던 이미지의 마술성과 주술성은, 다시 우리 식으로 얘기한다면 사물, 형상이 갖고 있는 애니미즘은 단 한번도 인간의 정신과 영혼에서 방을 뺀 적이 없습니다. 현대사회라고 다를 것은 없습니다. 그러나, 함께 짚어봐야 할 부분이 있습니다. 현대사회로 들어서면서 매체의 발달과 그 양적 팽창의 결과를 통해 이미지는 전면적 생산, 복제의 과정을 겪게 되고, 이 과정은 어찌 보면 이미지의 발전이 극에 달한 이미지가 '판'치는 세상일 수 있겠지만, 그러나 오히려 이미지는 힘을 쓰지 못합니다. 어마어마하게 많아지고 문자의 힘을 이미 오래 전에 제친 것 같은데, 사실은 이미지들이 서로를 노려보며 아웅 다웅 소리지르고 악을 쓰고 발악하는 형국이었던 것 같습니다. 이미지는 살아있지만 죽어있나 봅니다. 드브레가 주목하고자 했던 부분이 이 지점입니다. 책 제목이 '이미지의 삶과 죽음'이었던 이유도 이해됩니다. 현대사회의 이미지 과잉은 이미지의 마술성과 주술성을 잃게 되었고 그래서 도처에 살아있지만 사실 그 존재의 힘을 많이 잃고 죽음을 맞이했다는 것입니다. 현재 우리가 경험하는 가상의 디지털 네트워크 환경의 이미지의 생산과 소비 현상을 맞이하기 한참 전인 30여 년 전, 현대사회의 이미지 현상을 진단하는 데에도 그는 매우 민감했습니다. 분명, 인간과 이미지가, 인간과 사물이 서로를 응시하며 서로간의 존재의 성장과 성숙한 접속을 도모하던 애니미즘의 힘들이 이미지의 급속한 생산과 소비의 사이클 속에서 무기력해진 측면을 우리는 분명 차갑게 바라봐야 합니다.

그러나, 앞에서 말했듯이 이미지의 마술성과 주술성이 모두 사라진 것은 아닙니다. 분명, 지금 디지털 가상 네트워크 환경 안에서 유통되고 소비되는 현대인들의 일상적 이미지와 맥락 잃은 이미지들의 충돌과 교섭의 현장은 공해스럽다라는 판단을 넘어 가히 엽기적이기도 합니다. 그러나, 그 역시, 부스러지는 실존의 현장이기는 하지만, 그 안에서라도 현대인은 자신의 존재감을 확인하고 과시하고 증명 받으려 합니다. 이 사태를 두고 타인의 시선을 통한 타자화를 내면화하고 있는 자아의 미성숙한 모습이라는 인문학적 진단을 내리는 일은 어렵지 않습니다. 그러나, 그러한 인문학적 진단을 넘어 근원적 차원에서부터 인간과 사물/ 이미지가 작동시키는 애니미즘은 이 네트워크 안에서도 작동하고 있습니다. 혼자 고독과 비움을 경험하기 위해 떠난 여행이라면서도 거기서 만난 석양은 반드시 커뮤니케이션 네트워크에 이미지로 올려야 하고, 휴양지의 한가한 태양과 해외 여행에서 걷게 된 예쁜 골목길 이미지도 반드시 올라와야 하고, 혼자 먹어 외로웠든, 함께 먹어 즐겁고 맛있었든, 먹기 아까운 예쁜 음식이 식탁에 올라왔든, 자기가 만들어 스스로 기특한 음식이 됐든 모두 이미지로 기록되어 타인에게 기어코 보여 주어야 하고, 실제의 나보다 훨씬 예쁘고 멋지게 자신을 만들어준 자신의 이미지 역시 반드시 커뮤니케이션 네트워크에 올라와야 합니다. '바득바득주의' 쯤 되는 상황입니다. 바득바득 기를 쓰고 존재의 힘들을 과시하고 타인에게 증명받아야만 직성이 풀리는, 아니 이제 이러한 행위 자체가 타인과는 관계없이 나를 스스로 증명하는 행위일 뿐이라고 바득바득 우기는 일들을 아무렇지 않게 고개를 끄덕여 줘야 하는 지금의 바득바득의 현상 역시, 사실은 우리의 실존이 애니미즘을 바득바득 실천하고 있는 장소입니다. 내 존재가 더 멋있게 보여주길, 더 있어 보이게 해주길, 더 행복하게 보여주길, 더 예쁘게 보여지길 간절히 바라는, 현대인들이 작동시키고자 하는 이미지의 마술성과 주술성이 실천되는 애니미즘의 공간에 우리의 실존은 모두 발 하나씩을 담그고 있습니다.

애니미즘은 모든 사물들에는 생명과 영혼이 있다는 사고에 근거합니다. 지금 우리가 생각하는 것과는 달리 돌, 나무, 바람, 바위, 물 모두에게도 영혼이 살아있는 세계입니다. 종교의 기원이라고도 학자들이 말하고 있듯이, 가장 오래된 원시종교의 하나의 형태라고 할 수 있습니다. 영혼신앙 혹은 정령숭배/신앙, 토테미즘 등의 세계관이 모두 애니미즘에서 전개되고 이것은 문명의 단계에서 탄생한 불교, 힌두교, 기독교, 이슬람교 등의 종교들의 기원적 사고와 우주관, 세계관으로 변형과 변주를 거치며 지금까지 우리와 함께 하는 세계관이라고 할 수 있습니다. 따라서, 지금과 같이 정교하게 정치, 경제, 사회와 결합하는 시스템을 가진 관념적, 교리적 종교 차원에서 이해하기보다는 우리 인류가 아주 오래 전에, 아주 오래 전부터, 세계와 소통하는 하나의 방식이라고 생각하는 것이 더 좋을 듯 합니다. 오래 전 매우 강했던 우리의 세계관이었지만, 그것이 단순히 과거의 유물로만 끝나는 것이 아니라 현대를 살아가는 우리들에게도 애니미즘적 사고와 행동은 어렵지 않게 찾아 볼 수 있습니다.

앞에서 언급했던 이미지를 다시 생각해 보죠. 이미지가 갖고 있는 마술성과 주술성을 비합리적 광기와 미신적 양태로 보는 과학적 세계관과 합리적 이성이 지배하는 현대 사회에서는 이미지가 갖는 그러한 힘을 애써 배제하면서 조형적 미학의 범위 안에서, 혹은 예술적 형이상학의 관념의 세계 안에서 이미지를 해석하려 노력합니다. 그러나, 실존적 상황에서의 이미지는 다른 방식으로 우리와 관계 맺고 있습니다. 끝난 연예의 아프고 쓰린 기억을 잊기 위해서 우리는, 합리적 이성을 지닌 우리는 논리적이고 합리적인 선택 등을 실천하며 그 기억에서 벗어나면 그만 일 것 입니다. 나에게 그 사람의 사진이 남아있든 없든 말이죠. 이성이 그 정도 감각은 이겨줘야죠. 그러나 우리는 사진을 없애야 합니다. 아날로

그 시대의 연인들이었다면 종이 사진을 찢어야 하고, 현대의 연인들이라면 SNS에서 그 사람의 이미지들을 삭제해야 합니다. 상황이 좀 더 복잡은 하죠. 그 사진이 가상 디지털 공간을 떠돌다 어느 순간 불쑥 내 앞에 나타날 수 도 있으니 말입니다. 그러니 찢는 것이, 삭제하는 것이 맞습니다. 우리는 알고 있으니까요. 지갑 속에서 돈이나 카드를 빼다가 툭 하고 그 사람의 사진이 떨어져서 나의 마음을 뒤흔들고, 정신을 다시 혼미하게 하고, 낭패스러운 기억 혹은 그리움의 미련을 가져다 줄 마술을, 그 사진들이 부릴 그 마술을 우리는 잘 알고 있기에 찢는 것이 맞습니다. 하루에도 수십 번을 접속해야 하는 SNS 공간에서 불쑥 어디선가 그 사진이 태그 되어 나를 힘들고 아프게 할 지도 모를 마술을 끈질기게 부릴 것을 우리는 잘 알고 있습니다. 애니미즘은 언제나, 항상, 우리가 만나고 관계 맺는 세계와의 소통의 양식입니다. 같은 애니미즘의 힘으로 우리는 그래서, 사랑하는 가족의 사진을, 아끼는 사람의 사진을 핸드폰의 배경사진으로 담아 놓는 건 아닐까요? 바라보면서 행복하길 바라고, 바라보면서 그들의 행복을 바랄 수 있는 마술이 매 순간 작동하고 있음을 잘 알고 있는 건 아닐까요? 딸 아이 둘을 양 어깨에 올리고 찍은 사진을 배경화면으로 담아놓은 젊은 아빠 가장은 오늘도 모욕적인 갑질을 일과처럼 행하는 거래처 직원의 전화 통화 후, 눈 앞을 덮는 배경화면 사진의 마술의 힘으로 다시 노동의 현장을 지켜내는 건 아닐까요?

오래된 일기장을 버릴 수 없어 한참을 주저주저하다가 뭐하냐고 핀잔듣던 이사 가던 날을 우리는 기억합니다. 하루 하루의 꿈과 절망과 견딜만한 수치와 꽤 진지했던 고백들이 종이 위에 빼곡히 스며 들어 있던 일기장, 150g 정도 나가는 종이 뭉치에 불과한 물건인데 말입니다. 아직도 서랍장 어느 깊은 곳에 있을, 젊었던 아버지가 하루에도 수백 번을 손가락으로 밀고 내리고 튕기시며 사용했던 주판, 삭아가는 작은 나무판에 불과한 물건을 버리지 못하고 주판의 작은 상처들을 눈으로 찬찬히 매만지며 돌아가신 아버지를 기억하던 가을날 오후도 우리는 기억합니다.

애니미즘은 아주 친밀하고도 강렬하게 우리의 삶의 무늬(文)를 같이 만들어 갑니다. 말 그대로 문화(文化)를 만들어 왔고, 만들고 있고 앞으로도 그럴 것입니다. 생명이 없다고, 말로 아프다 슬프다 이야기를 못해도 사물에는 영혼이 있고, 우리는 그 영혼의 존재를 알고 있는 듯, 잊은 듯, 그러나 잊거나 무시하지 못합니다. 오랜 시간을 함께 하고 뜻 깊은 의미와 땀 흘린 노동의 흔적을 간직하는 사물들일수록 그들의 영혼은 우리와 많은 것을 나눕니다. 도깨비는 아무 물건에서나 나타나지 않습니다. 농경 사회에서 우리들이 가장 많이 사용하고 손이 타던 물건이었던 쟁기와 호미, 지게, 넝마 가방에서, 매일 매일 마당을 쓸어내던 빗자루에서 나타납니다. 아니 해가 떠 있는 낮 동안의 시간은 인간의 시간이니 그 동안은 물건의 모습으로 있다가 해가 뉘엿뉘엿 져서 밤이 오고 새벽이 동 터올 때 까지가 자신들의 시간이기에 그 때서야 자신들의 모습으로 살아나는 건지도 모르겠습니다.

4 IoT 환경, 사물과의 낯설고도 익숙한 소통

2025년 11월 12일, 하자는 아침에 눈을 뜹니다. 날씨가 쨍쨍하게 맑은 날이라 하자 방의 커튼은 일조량을 센싱하여 커튼을 닫아 하자의 기상시간까지의 취침이 방해 받지 않은 아침입니다. 알람에 맞춰 일어난 하자가 슬리퍼를 신고 욕실로 걸어갑니다. 하자의 침대는 지난 밤 하자의 수면 상태를 체크한 데이터를 모아 하자의 퍼스널 헬스케어 서버에 저장하고 특이사항을 체크하라고 지시합니다. 현재 아침 기온과 하자의 평소 샤워 물의 온도가 반영된 온도의 물이 샤워기에 나옵니다. 칫솔질을 끝낸 칫솔을 보관함에 넣으니 하자의 구강 건강 상태 일일 체크가 시작되고 그 자료 역시 퍼스널 헬스케어 서버로 저장되고 체크됩니다. 샤워를 마치고 욕실문을 열고 나오면 그 시간부터 3분후에 평소와 같았다면 커피 머신은 커피를 내리겠지만, 오늘은 건강검진이 있는 날입니다. 하자가 건강검진 받을 병원의 서버와 시스템은 하자의 홈 시스템과 서로 일정을 체크했고 변동 없는 스케줄이기에 오늘은 커피를 내리지 않았습니다. 집 현관 문을 닫고 나오는 것이 센싱되면 하자의 자동차는 시동을 걸고 하자를 기다립니다. 하자의 자동차 역시 홈 시스템과 일정을 체크했으므로 오늘 아침 도착지는 병원으로 네비게이션을 준비시킵니다. 이미 병원에는 하자의 헬스케어 서버가 전달해준 정보를 가지고 있고, 하자는 병원에서 꼭 해야 하는 건강검진만을 받기에 시간은 많이 걸리지 않았습니다. 병원에서 건강검진 확인 전자 서명을 한 것을 확인 받은 하자의 자동차는 시동을 걸고 하자의 회사로 네비게이션의 경로를 설정합니다. 회사에 도착한 하자의 웨어러블 디바이스에는 '앞으로 50년은 걱정없다니^^?' 라는 문자가 도착합니다. 하자의 건강검진 날을 입력해 둔 동료가 보내준 인사 메시지입니다. 하자와 동료의 스마트 디바이스가 건강을 위해 만든 커뮤니티 안에서 서로의 건강관련 정보를 주고 받았으니까요. 잠시 휴식 시간에 함께 커피를 마시던 여자 동료가 어제 자기가 가방 안에 있었던 지갑을 소매치기 당할 뻔 했는데 다행히 지갑 이탈 센싱 서비스를 신청해놔서 낭패를 모면했다는 이야기를 해 줍니다. 본인이 아닌 사람이 지갑을 가방에서 꺼내서 일정한 거리를 넘어가게 되면 자신의 웨어러블 디바이스에서 요란한 알람이 울리는 동시에 가장 가까운 경찰서에 소매치기 신고가 되는 서비스라고 하네요. 다행히 놀란 소매치기가 지갑을 바닥에 던지고 그냥 달아나는 바람에 지갑을 찾았다고 합니다. 신용카드 회사에서 자꾸 서비스를 신청하라고 해서 했더니 그나마 다행이라며, 하자에게도 신청하라고 합니다.

오늘도 바쁘긴 했지만 큰 탈 없이 하루 일과가 끝나고 하자가 퇴근합니다. 회사의 문을 나서고 준비된 자동차에 올라탑니다. 전화가 옵니다. 함께 저녁을 먹기로 한 친구에게서 오늘 사정이 생겨 약속이 어렵다고 하는 군요. 하자는 자동차에게 집으로 귀가를 지시하고, 자동자는 홈 시스템에게 하자의 귀가를 알립니다. 실내 난방과 환기를 가동하고 냉장고의 음식 상태와 선별 가능한 식재료들을 체크해서 하자의 모바일 디바이스로 오늘 저녁 요리로 가능한 저녁 메뉴와 레시피를 전송합니다. 돌아가는 길에 실시간으로 도로 상태를 알려주는 교통 상황 스크린과 네비게이션이 추돌사고로 인해 정체되는 길을 확인하고 평소 다니는 길이 아닌 다른 길을 제안합니다. 평소보다 10분 정도 늦은 귀가가 예상되고 이에 맞춰 홈 시스템 역시 연동됩니다. 이래저래 저녁을 해 먹기가 귀찮은 하자는 주문 배달 음식을 먹기로 합니다. 어떻게 알았는지 아까 퇴근 시간 얼마 전부터 주문 배달 음식 어플리케이션에서 '건강검진 위해 하루 단식한 분들을 위한 추천 메뉴' 베너가 몇 번씩 스마트 디바이스 화면에 뜨곤 했었으니까요. 주문이 이루어지고 식당의 서버는 하자의 홈 시스템에 배달 예정시간을 알리고 홈 시스템은 배달원이 하자의 현관문에서 사용할 일회용 비밀코드를 전송합니다. 홈 시스템은 냉장고의 음식물 체크 시스템을 배달 음식 메뉴에 맞는 음료 등이 있는지 변경하여 체크하고 하자의 스마트 디바이스에게 알려줍니다. 콜라가 없으면 들어오는 길에 사와야 하니까요. 하자의 귀가보다 몇 분 먼저 도착한 배달원은 홈 시스템이 승인한 일회용 비밀코드를 누르고 현관문이 열리자 신발장위 배달 음식 전용 패드에 음식을 놓고 갑니다. '배달 완료' 메시지가 하자와 음식 가게에 전송됩니다. 하자가 도착했을 때 다행히 음식이 아직 따뜻합니다. 냉장고가 알려준 대로 콜라도 편의점에 들러 사왔구요. 하자는 배달된 음식을 먹으며 목요일 7시이므로 LPGA 골프 경기 하이라이트 프로를 선정해 준 TV앞에서 퇴근 시간을 보내고 있습니다. 저녁 8시 반이 되니 매일 챙겨 먹어야 하는 유산균 약병이 잊지 말고 챙겨먹으라고 빨간색으로 반짝반짝 빛나고 있군요.

5 배치, 새로운 모험으로서의 애니미즘

IOT 기술에 의해 촘촘히 엮어진 사물들은 적극적으로 우리와 접속하려 합니다. 첨단 테크놀로지의 발달을 경험하지 못했던 인간과 사물들이 좀 더 정서적이고 심리적인 소통을 통한 개인적 유대와 접속에 의지하거나 혹은 공동체의 엄숙한 운명과 정치적 시스템 안에서 권력으로의 작동하는 추상기계로서 애니미즘과 관계하였다면, 사물인터넷 안에서 인간들과 관계 맺는 사물들은 효율적인 시스템을 자랑하며, 자신들의 몸 속에 센서를 심고 IP주소를 달고서 인간의 삶 속에 당당히 진입하고 교섭하는 자본기계로서 애니미즘을 실천하려 합니다.

아직은 공학적인 논리와 가능성에 근거한 미래의 풍경이지만, IOT 환경에서 사물들은 분명 새로운'생명'과 '영혼'에 대한 사유의 자장 안에서 우리와 세계를 구성하길 원하고 있습니다. 센서(Sensor)는 결국 감각이고 사물은 이제 디지털 정보로 전환되는 신호와 정보를 감각으로 대체하는데 많은 부분 성공한 듯합니다. 무엇이라 이름 붙이기 어려운 교감적 사태이고 실체였지만, 인간과 사물이 오랜 시간과 정성들이 오가며 함께 세계를 구성하는 존재들로서의 사물들의 생명과 영혼을 인식하고 소통한 애니미즘과는 달리 IOT안의 사물은 공격적으로 자신이 살아있음을 적나라하게 드러내면서 애니미즘의 세계를 변용적으로 구성하고 있습니다.

애니미즘의 공학적 구현의 모습에 너무 신기해하거나 놀랄 일은 아닐 겁니다. 앞서 이미지의 예에서 보았듯이 애니미즘이 변용되어 실천되고 있는 것은 사실이고, 그 사태는 그 자체로 우선 인정되어야 하는 사태이기 때문입니다. '바득바득'애를 쓰는 현대 사회의 이미지의 애니미즘적 실천은 그러한 사태와 현대인의 행위들을 옳고 그름으로 쉽게 나누기 전에 구체적인 사안과 방향에서 실존적으로 대응하는 철학적 모색이 더욱 중요한 일입니다.

애니미즘은 철학적 측면에서 매우 도전적이고도 매력 있는 문제들을 환기합니다. 앞서 얘기한 것처럼, 서구의 근대적 과학관은 정신과 육체, 감각과 이성, 물질과 영혼을 쉽게 가르는 이분법적 선명성을 합리적 정신의 근거로 전제하며 전개됩니다. 이것은 우주와 세계의 반을 없애는 사유를 하는 것입니다. 객관적 명증함을 추구하면 할수록 대상은 그 실체를 보여주지 않습니다. 알면 알수록 사실의 모호성과 불명확성의 세계가 다시금 드러나고 생성하는 새로운 세계가 열리는 것이지만, 고정적 진리로 정해놓은 전제들을 그대로 유지하면서 추구하는 이성은 사실은 아주 작은 불빛의 언저리에 불과하니까요. 자연과 생명, 존재와 세계는 그들을 규정할 명확한 객관적 좌표와 경계를 갖고 있지 않으며 주체와 객체의 경계 역시 언제나 비규정적입니다. 생명은 단순한 기호가 아니고 분석되어야 할 대상만도 아닙니다. 인간과 몇몇 존재들만이 생명활동을 하고 영혼이 있다는 한계를 지울 수 없는 것도 같은 이유입니다. 애니미즘은 기호와 대상을, 나와 세계를, 주체와 객체를, 정신과 육체를 쉽게 분리하여 생각하지 않습니다. 이러한 분리불가능성이 가지고 있는 생성의 힘을 들뢰즈, 가타리는 배치(Agencement)라는 개념으로 말하고 있습니다. 예를 들어 근대 주체에 대한 사유는 의식과 대상을 분리해서 얻어지는 개념입니다. 그러나 앞서 말한 존재의 비규정성과 분리불가능성을 사유한다면, 주체란 결국 이질적인 요소들의 불규칙적이고 모호한 '배치'에 불과한 잠정적인 존재가 되는 것이죠. 이미 대상에게 행해지는 의식의 절대성이 주체에게 초월적으로 전제되어 의식 자체의 절대성을 부여 받는 관념적 논리를 이 배치 개념은 가로질러 갑니다. 주체는 고정된 요소의 질서 있는 총합이 아니라 다양하고 이질적인 존재들의 관계와 배치에 따라 생성되는 존재이므로 한정된 인간이라는 주체를 세계의 중심으로 놓고 다른 편에는 그 외의 것으로 세계를 정리하는 인간중심주의적 세계관은 배치적 주체와 양립하지 못합니다. 주체는 선험적 인간이라는 균질한 성분이 전제된 존재가 아닌 이질적인 것들과의 조우들안에서 생성이 그치지 않는 배치적 존재이기에, 사물과 존재들의 살아있는 사태와 끊임없이 침투하고 침투받는 불확정적, 비목적적 존재로서의 인간을 생각할 수 있게 하는 애니미즘적 세계관은 이러한 배치적 주체와 조응합니다.

언어적 측면에서도 그렇습니다. 우리의 몸은 하나의 발화적 주체만이 독립적이고 배타적인 상태로 유지되는 존재가 아니라 이질적, 혼종적 주체들이 집합적으로 배치되면서 집합적 발화 주체의 양상을 갖게 되기 때문입니다. 매체(media/medium)의 가장 원초적 형태로서의 무당(medium)과 일정한 관계를 맺으며 자연과 우주와 소통하였던 인류의 오랜 실천들은 이러한 배치적 발화주체를 잘 알고 있습니다. 무당은 인간이었다가 폭포였다가 곰이었다가 사라져 나타나지 않는 해였다가, 변덕이 심한 바람이었다가 억울하게 죽은 엄마였습니다. 그것은 그 몸 안에 다양하고 혼종적인 주체를 모두 담아내고 그들의 이야기를 번역해내어 우리와 소통하게 만든 집합적 발화 주체였습니다. 무당만이 아니라 무당과 함께 눈빛과 목소리를 나눈 우리 모두 역시 집합적 발화체이며, 그 교감의 순간을 함께 지킨 사물과 존재들 역시 집합적 발화체의 구성물이자 인간이라는 집합적 발화체의 비목적적 진화 과정을 가능케 만든 배치적 존재들입니다. 애니미즘을 떠나서라도 인간은 모두 집합적 발화체입니다. 이 배치적 존재들의 총체적 시스템은 바로 애니미즘적 세계관에서 비로소 기능하고 동시에 애니미즘적 세계관을 비로소 기능하도록 만듭니다. 즉, 애니미즘이 갖는 사유의 논리와 세계관은 근대적 합리주의에 의해 배제되었던 존재들에 대한 새로운 접근을 가능하게 만들고 잡종적 사태에 대한 사유의 인식을 전환하는데 커다란 힘을 줍니다. 이러한 사유는 근대 과학만능주의에서 비롯되는 테크노크라트들의 장밋빛 미래를 그리는 논리 역시 가로질러 갑니다.

테크노크라트들은 발전하는 기술의 해택을 통해 사물들이 더 이상 사물이 아니고 살아있는 유기체처럼 우리 앞에 설 것이고 로봇이 인간과 같이 생각하고 존재할 것이라며 마치 사물이 생명을 갖는 사태를 가장 잘 서술하는 자들처럼 여기고 사물들에 대한 새로운 생명 차원을 말하는 듯 하지만, 그것은 여전히 인간중심주의적 권력의 남용에 불과합니다. 왜냐하면 여기에는 혼종적 인간 주체가 집단적 발화주체로서 살아있는 것이 아니라, 고정적이고 균질한 인간 본성과 주체를 복사할 수 있다고 믿는 추상적 관념이 요란한 광고만이 있을 뿐입니다. 결국, 고정적 주체를 전제하고 그것의 복사를 통한 이득을 취하려는 태도인 것이고, 이를 반대하는 자연주의적 세계관과 동전의 양면과도 같은 것입니다. 어쩌면 이들은 적대적 공생관계의 밀월을 즐기고 있는지 모르겠습니다. 바로 이렇게 도착되고 왜곡된 전통적 형이상학의 연장 논리들을 애니미즘의 현대적 변용의 사유는 가로질러 가려 하는 것입니다. 즉, 우리가 애니미즘을 통해 말하려 하는 것은 단순히 종교적 차원에서 모든 사물에게 생명과 영혼이 있다고 믿는 애니미즘을 인식의 다양성을 위해 포용하듯 받아들이는 것이 아니라, 사유 자체의 탈형이상학적, 탈근대적 요소들을 함께 고민하면서 애니미즘을 둘러싼 사유와 담론들이 쉽게 놓칠 수 있는 것들을 다시 새롭게 바라보는 철학적 이론의 실천을 해나가는 것입니다.

그러나, 이러한 애니미즘을 둘러싼 탈형이상학적 실천은 혹은 해체적 관점에 대한 지지는 그렇게 간단한 문제는 아닌 것 같습니다. 탈형이상학적 애니미즘적 요소 중에 우리가 이해하고 견딜 수 있는 부분만 실용적으로 받아들이고 그렇지 않은 부분은 고려하고 싶지 않다고 그렇게 되는 것은 아니라는 것입니다. 그렇게 실용적으로 쉽게 분리해서 효율성 있게 사용할 수 있는 사유라면 애초에 그것은 우리가 다시 만들어낸 이데올로기에 불과하니까요.

예를 들어, 우리가 IOT와 애니미즘을 고민하는 작업 안에서 애니미즘을 다시 한번 살펴보았고 이러한 과정 안에서 기술만능주의가 미래를 집어 삼키는 공포를 부풀려가며 호들갑을 떨 필요는 없다고 말할 수 있다면, 그것은 어차피 우리는 애미니즘을 훈련하며 살아왔으니 그렇게 방정을 떨지 않아도 된다는 얘기가 아닙니다. 다시 말해 어치피 우리의 의식의 근원적 양태에서는 애니미즘적 세계관을 실천하며 실존적 영역을 구성하고 있고 앞으로도 그럴 것이기에 IOT의 상황을 정의할 때 마치 카피라이트를 뽑듯, '애니미즘의 귀환'이라는 슬로건을 만들고 그것으로 됐다고 뒷짐을 질 수는 없는 일입니다. 왜냐하면 현대 과학기술사회가 생산하는 미디어와 이미지의 과잉적 상태에서 다시 재생산, 재소비되는 존재들과 사물들의 이미지화의 과정이 그저 새롭게 나타나는 애니미즘의 양태일 뿐이라고 치부하는 것 역시 위험하기 때문입니다. 애니미즘에 대한 이러한 인식이 논리적 차원에서는 다소 쉽게 가능하지만 현대과학기술사회를 구체적 삶 속에서 살아가고 있는 매순간에 애니미즘적 사태를 감내하고 판단해야 하는 우리들의 실존적 모습은 마음처럼 그렇게 합리적으로 효율적으로 조율되고 만들어지지 않다는 것에 주목해야 합니다. 애니미즘적 사유가 전통적 형이상학을 비껴가는 쉽지 않은 길을 간다고 하는 것은 우리들의 실존 역시 그렇게 쉽게 흘러가지 않는다는 얘기를 이미 내포합니다. 따라서, 우리가 주목하는 부분은 이것입니다. 애니미즘적 세계관은 그 내재적 논리에 따라 주체의 혼종적 상태를 인정해야 하기에 일종의 정신분열의 사태를 감내해야 하는 부분이 있다는 것입니다.

애니미즘적 세계관이 인정하는 물아일체의 사태는 가끔 찾아오는 미학적 향유의 쾌락과, 관조적 수련의 정점에서 느끼는 정신적 쾌락의 상태만을 지칭하는 것이 아닙니다. 주체가 분열하는 위험까지도 감수하게 하는 힘 역시 봐야 합니다. 이 정신분열의 힘은 두 방향입니다. 들뢰즈와 가타리가 자본주의적 폭력과 밀폐된 세계를 극복할 수 있는 사유와 행동의 극단적 모험으로서의 정신분열은 폭력적 사회시스템에 대한 저항과 기존의 관념적, 전통적 형이상학에 대한 해체적 실천을 의미하지만, 또 하나의 방향은 자신의 분열 자체의 미시적인 수위에서 체험하는 개인적 정신적 해방과 미학적 괴물－되기의 전략의 방향에서 입니다. 적만 부수고 상처하나 없는 나를 생각하기 어렵듯이 이러한 개체의 정신적, 실천적 모험은 자신의 존재의 존폐와 생명도 담보해야 하는 서늘함이 있습니다. 즉, 정신 분열 환자들의 경험들, 사물들이 환자 자신의 모습으로 변하거나 그들이 사물들로 변한다거나, 그들이 자신 안으로 침투하려 하거나 그들이 사물들을 침입하여 그들의 질서 안에 자리잡으려 한다거나 하는 경험들이 말하듯이, 즉 그들은 나라는 집합적 배치물을 과감히 던져 놓아야 하는 경우를 경험합니다. 애미니즘은 어쩔 수 없이 이것을 안아야 합니다. 그것이 기존 지배적 세계에 대한 저항의 몸짓이든, 위험하고도 서늘한 정신의 분열이든 말입니다.

앞서 하자의 일상에서 보듯이, 사물인터넷 환경의 우리들도 이러한 분열을 경험하는 것은 아닐까요? 잘 조직된 시스템에서 하나라도 사고가 나거나 문제가 생길 때, 우리가 그 사태를 온전히, 분열없이 잘 극복할 수 있을까요? IOT 기술이 창출하는 어마어마한 경제적 재화의 창출과 그에 따른 사용자들의 삶의 양식이 바뀌어 가는 부분에서 자본의 논리는 더욱 강해지고 효율성을 지향하는 테크놀로지의 발걸음은 계속해서 바빠질 수 있습니다. 인간이 스스로 자유롭고 자율적인 경로를 통해 수행하고 있다는 개체 행위의 자유도는 사실 그다 복잡하지도 대단하지도 않아서 그저 빅 데이터의 정보 이합집산체 정도로 여겨지는 상황을 현실로 받아들이라는 보이지 않는 강요도 많아질 것입니다. IOT 시스템은 꾸준히 당신들의 행동과 행위들의 자율성과 자유도를 증대시키는 서비스를 준비하기 위해 우리가 불철주야 노력하고 있으니, 당신을 기호화 정보화할 수 있도록 우리에게 전방위적으로 접속하라고 유도하고 제안할 것입니다.

현대사회의 개체는 자유를 얻기 위해 통제 되는 시스템에 접속해야 하는 역설적 상황을 맞이합니다. 기술의 조급함을 빨리 해결하고 효율성을 향해 질주하는 기술이 생산한 IOT시스템이 우리의 오래된 애니미즘적 태도와 만난다면 생각보다 빠른 속도로 이러한 역설적 상황은 팽창할 수 있습니다. 과거와는 다른 양상이기는 해도 살아있는 사물들과의 소통을 오랜 생활 양식으로 연습해 온 인간의 애니미즘적 세계관이 작동하고 있는 구간을 IOT 기술과 함께 짝을 이루는 빅 데이터 기술과 자본의 논리가 '접수'한다면 이 팽창의 속도는 더욱 빨라질 것 같습니다. 이러한 철학적 성찰과 비판적 관점이 실천적 차원에서 사회적 합의를 건강히 만들어가는 과정, 우리가 지금 모색하는 합리적인 솔루션을 함께 만들어가는 과정을 만들어가야 합니다. IOT 시스템이 인간의 자유와 상충하지 않으면서도 공학적 완성도를 구현하며 첨단 애니미즘의 시대를 가꾸어 나가는 미래를 생각해보는 일이 나쁘지만은 않습니다. 그러나, 현명한 감속기를 만들어야 하고, 또 그것이 제때 작동되어야 하는 일이 우리에게 준엄하게 남겨져 있습니다.

또한, 우리는 개체의 정신 분열적 상황도 생각해 봐야 합니다. 아직 우리가 말하는 IOT 시스템이 구축되지도 않았고 실제 그만큼의 기술적 완성도를 구축한 시스템이 현실화될지는 아직 속단하기 어려운 상황입니다만, 일정 정도 구현된 상황을 가정해 봅니다. 앞에서 그려봤던 '하자'의

IOT 관계망 속의 하루를 생각해 볼 수 있습니다. 촘촘히 얽힌 사물들의 센싱 및 데이터 전송과 호환에 근거한 시스템 안에서, 애니미즘적 세계관의 공학적 구현의 완성도가 높아 갈수록 모든 사물과 소통하고 사물들의 말이 내 몸 안으로 들어오고 집합적 발화체의 기능을 담당하는 나의 몸이 과부하를 이기지 못하고 분열을 경험할 수도 있습니다. 차곡차곡 빅 데이터가 인간을 얌전한 정보집합체로 만들었다고 믿은 순간에, 사물 속 실수 없는 센싱 테크놀로지와 착오 없는 통신 전송 기술이 인간을 안락한 공간에 양식할 수 있다고 믿은 순간에 '어이없게도' 우리가 사물들과의 소통에서 탈이 날 수 있습니다. 얼마만큼의 탈이 날 것인지, 어느 방향으로 탈이 날 것인지는 알 수 없습니다. 중요한 것은 기술과 자본이 완성도를 최대한 높여 사물들과 인간의 애니미즘적 소통을 완성시켜 주었다고 생각한 수준에서 탈이 난다는 점입니다. 소통에서 개체간의 완벽한 상호간의 '주고 받음'은 가능하지 않기 때문입니다. 데리다도 이 지점을 짚곤 했습니다. 어떠한 전송이든, 소통이든 그곳에는 언제나 일탈과 사고와 왜곡과 무임승차와 변이 등등이 일어난다는 것입니다. 그것이 오히려 존재와 개체들간의 소통을 가능케 하는 근원적 상황인 것입니다. 초기 인류가 존재와 사물들과 유지했던 소통의 관계는 충분히 엉성한 그물망을 가지고 있었고 언제나 여분의 부분이 있거나 모자라거나 잘못 알아듣고 잘못 알려주고는 했습니다. 오묘하게 모습을 바꾸거나 아예 한동안 숨거나 해 속으로 숨거나 해를 가리거나 하는 달을 바라보며, 혹은 그와 접속하는 새들의 움직임과 동물들의 울음소리와 바다의 조수간만의 차이를 바라보며 우리는 그들의 말과 힘을 더 넘치게 신뢰하거나, 넘치게 무시했거나, 아예 다르게 이해했습니다. 그러나 혹은 그래서 우리와 사물들의 신뢰는 그렇게 더욱 깊어지거나 신비로운 약속들이 되어 우리를 시인이 될 수 있도록 만들어 주었습니다. 존재와 사물들의 발화들을 모두 이해하고 완벽하게 '주고받음'을 실천했다고 하는 일은 소수의 권력자들이 작동 시킨 공포와 음해의 메커니즘에 애니미즘이 종속되어 봉사를 강요당하는 시간이었을 뿐입니다. 애니미즘의 세계관에서 우리와 존재와 사물이 모두 생명과 영혼을 가지고 소통할 수 있었던 것은 정보와 영혼의 남김 없는 교환체계를 강박적으로 구축하려 하지 않았기 때문입니다. 이 강박이 주체의 서늘한 분열을 가져 올 수 있고 이것은 전체 시스템의 붕괴를 불러 올 수 있습니다.

원하든 원치 않든, IOT시스템을 향한 어떤 시작이든 시작된 듯합니다. 스마트 디바이스 시장에 뺏긴 마이크로 칩과 센서 생산 유통 시장을 되찾아오려는 미국의 한 다국적 기업의 조급증이 IOT시장의 불을 당긴 것은 사실이겠지만, 시시하게 뭔가 되기도 전에 별일도 일어나지 않을 수도 있지만 어쨌든 이미 시작은 된 것 같습니다. 우리의 몸과 사물들은 이상적 소통의 강박을 버리고 여분의, 모자람의, 사고의 소통을 기꺼이 감수하며 창조적 진화의 길을 꾸준히(사고를 내가며) 끊임없이(사고를 내가며) 낼 수 있을까요? 애니미즘의 새로운 모험을 감당할 수 있을까요? 2025년 가을 새벽에 눈이 떠진 하자는 '우리 이제 그만 하자'라고 IOT시스템에게 지시를 내릴 수 있을까요? IOT시스템이 그의 말에 순순히 동의는 해 줄까요?

다시 한 번 2007년에 통과된 에콰도르의 자연권을 생각해 봅니다. 자연권의 행사를 헌법적 권리로 마련한 그들의 선도적 노력과 실천이 우리에게 말하는 바가 매우 엄중하고도 의미 있게 다가오는 새벽입니다.

05

기계는 생각한다!

박승억

05 기계는 생각한다!

박승억

1 느낄 수 있어요!

S. Kubbrick 감독의 영화
[2001 스페이스 오디세이]

스탠리 큐브릭 감독의 1968년 영화 ≪2001 스페이스 오디세이≫는 SF 영화사에서 가장 중요한 이정표 중 하나입니다. 수많은 감독들이 이 영화에서 영감을 얻었고, 미래를 어떻게 묘사해야 할지 몰라 고민하는 사람들은 이 영화에서 방향을 가늠했습니다. 이 영화의 끝부분에는 우주선을 통제하던 인공지능 할(HAL)이 죽음(?)을 맞이하는 장면이 나옵니다. 우주비행사는 자신을 제거하려 했던 인공지능 할을 파괴하려고 결심합니다. 데이터와 프로그램을 하나씩 소거시키는 우주비행사에게 할은 이렇게 말합니다. "느낄 수 있어요. 느낄 수 있어요. 두려워요." 그런데 이게 어디 가당키나 한 말입니까? 결국은 기계인데, 죽음에 대한 공포를 느낄 수 있다니 말입니다. 그건 좁은 골목길에서 차를 돌리다가 문짝을 긁어 속이 상해 죽겠는데, 차가 짜증난다는 톤으로 "운전 좀 잘하세요. 옆구리가 긁혔잖아요! 좀 더 크게 회전했어야죠. 아니면 저한테 맡기던가!"라고 투덜대는 것만큼이나 인간적인 일처럼 보입니다.

오늘날 기계가 뭔가를 느끼고 그 느낌에 맞는 판단을 한다는 사실이 그렇게 어처구니없어 보이지만은 않습니다. 채 얼마 전까지만 해도 많은 사람들은 기계가 생각한다는 것을 그저 공상에 불과한 시나리오라고 생각했을 겁니다. 스탠리 큐브릭과 같이 시대를 앞서간 사람들이 미래 사회에 대한 시나리오들을 내 놓았지만, 그것이 정말 현실이 될 것이라고 생각한 사람들은 많지 않았습니다. 무엇보다 기계는 '살아 있는 생명'이 아닌데, 생각하고 느낌을 갖는 존재가 된다는 사실을 받아들이기 어려웠을 것입니다.

하지만 최근의 기술 발전을 보면 그런 비약이 허무맹랑한 공상은 아닐 것만 같습니다. 사람의 표정이나 행동에서 감정을 읽어내서 적절하게 대응하는 로봇이 등장하고, 의료 현장에서는 광범위하게 누적된 자료를 활용해서 의료인들을 도와주는 인공지능이 등장했기 때문입니다. 왓슨이라는 이름을 가진 이 명망 높은 주인공은 유명 퀴즈쇼에서 쟁쟁한 사람 후보들을 압도적으로 제치고 1등을 하기도 했습니다. 그래서 시류에 예민한 이론가들은 이제 우리가 기계와 공존하는 법에 대해 진지하게 고민해야 한다고 말하기도 합니다.

기계가 인간의 감정을 읽어내고, 곤란한 문제 상황을 빠져나갈 수 있는 해답을 제시해 주는 시대, 그런 시대가 유토피아일지 디스토피아일지는 모르겠지만 어쨌든 뭔가 찜찜한 느낌을 지울 수는 없습니다. 그것은 이제까지 인간의 고유 권한이었던 것에 대해 더 이상 "그건 내거야!"라고 말할 수 없어졌기 때문입니다. 그래서 일단 기계가 생각한다는 것을 받아들이게 되면, 인간은 아마도 자신의 정체성에 대해 다시 생각해 봐야 할 겁니다. 정체성이란 본래 다른 존재들과의 차이를 생각하게 하는 개념이기 때문입니다. 인간의 정체성이 인간을 인간이게 하는 그 무엇이라면, 자연스레 인간 아닌 것들과의 차이를 생각하게 됩니다. 오랫동안 인간은 '사피엔스(sapiens)'가 자신의 정체성을 보여주는 이름이라고 생각해 왔습니다. 고귀하게도 생각하는 존재라는 겁니다. 로댕의 걸작, '생각하는 사람'은 그 기괴한 포즈로 인해 도대체 저런 자세로도 정말 생각을 할 수 있을까 하는 의구심을 불러 왔지만, 그 조각상의 제목이 인간의 가장 중요한 본성을 상징한다는 점에서는 재론의 여지가 없을 겁니다. 그런데 사정은 눈에 띄게 달라지기 시작했습니다.

2014년 6월 8일 영국의 레딩대학교에서 벌어진 해프닝은 우리의 그 식상한 믿음에 균열을 일으켰습니다. 바로 유진 구스트만이라는 아이 때문입니다. 아이라고 말하지만 사실은 컴퓨터 프로그램, 좀 더 정확히는 채팅 프로그램입니다. 레딩대학교 측에서 이 프로그램이 튜링테스트를 통과했다고 공표하는 바람에 세상이 시끄러웠습니다. 튜링테스트는 컴퓨터의 아버지들 중 한 명인 앨런 튜링(A. Turing)이 제안한 일종의 시험으로, 상대방의 정보를 모르는 사람들이 컴퓨터와 대화를 한 뒤, 사람들이 대화 상대방을 사람이라고 생각하는지 여부를 보는 것입니다. 유진 구스트만은 자신을 우크라이나에 사는 13세 소년으로 소개하고 심사 참여자들과 대화를 했습니다. 튜링은 5분간 대화를 하고 30%의 사람들이 사람이라고 인정한다면 그 컴퓨터는 사람으로 보아야 한다고 생각했는데, 유진 구스트만의 경우 심사위원의 33%가 실제 13세 소년으로 생각했다는 겁니다. 물론 유진 구스트만의 대답들 중에는 어처구니없는 것들도 많아서 튜링테스트를 진짜로 통과했다고 보기에는 어렵다는 의견이 많습니다. 여전히 우리는 기계가 생각할 수 있다는 것에 대해 부정적입니다. 하지만 제 주변의 13세 소년들 중에는 혹시 이 아이가 우주에서 온 아이는 아닐까 싶을 정도인

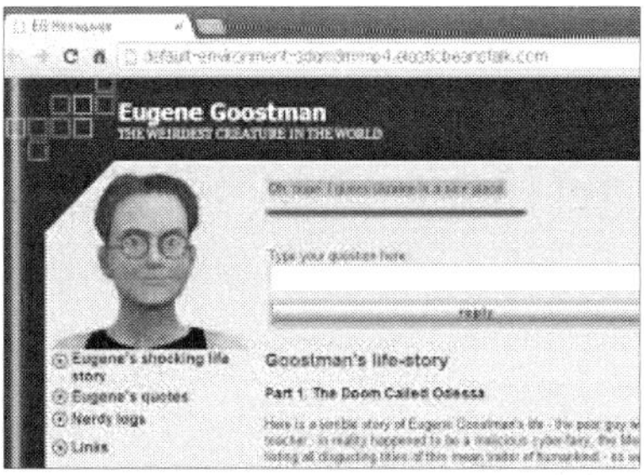

유진 구스트만의 웹페이지

친구들도 더러 있습니다.

곰곰이 따져보면, 이 해프닝의 본질은 유진 구스트만을 실제로 인간, 혹은 생각하는 기계로 볼 것이냐 말 것이냐가 아니라 우리가 그런 기계들에 대해 대단히 큰 관심을 갖고 있다는 사실 그 자체입니다. 다시 말해 생각하는 기계가 이제는 단순한 공상이 아니라는 사실입니다. 그리고 이제껏 인류의 기술 발전의 역사는 가능성을 현실로 구현해 낸 역사이기도 합니다. 하늘을 나는 일이 그랬고, 우주여행이 그랬습니다. 유진 구스트만의 사례는 도대체 '생각한다'는 것의 본성이 무엇인지를 되묻게 합니다.

조금 보수적으로 생각한다면 기계가 감정을 느끼고, 판단을 내린다고 보는 것은 일종의 착시일 것입니다. 로봇이 사람의 표정에서 감정을 느낀다고 할 때, 로봇의 그 무엇은 느낌인 듯하지만 진짜 느낌은 아닌, 그저 느낌 같아 보이는 것이며, 그것은 그저 우리가 '느낌'이라고 의미부여한 것일 뿐입니다. 판단에 대해서도 마찬가지입니다. 주어진 문제에 대한 최적의 솔루션이 무엇인지를 제안하는 인공지능에 대해 우리는 그 인공지능이 생각한다고 의미부여를 하는 것뿐입니다. 그것은 인간에게는 너무나 분명해 보입니다. 왜냐하면 스탠리 큐브릭 감독의 할이나 유진 구스트만 모두 진짜 인간은 아니라는 걸 우리가 이미 알고 있기 때문입니다. 따라서 그것들이 생각을 하고, 느낌을 갖는 것처럼 보여도 진짜 인간의 생각과 느낌은 아니라고 말하고 싶습니다.

그런데 이런 방식으로 할과 유진 구스트만을 진짜 느낌을 갖는 존재와 진짜 생각을 하는 존재로부터 배제한다고 해서 안심이 되지는 않습니다. 오직 인간의 느낌과 생각만이 진짜 느낌이고 진짜 생각이라고 할 수는 없기 때문입니다. 다른 존재도 느낄 수 있고, 다른 존재도 생각할 수 있다는 것은 논리적으로 충분히 가능한 일입니다. 더욱이 인류는 판도라 이야기가 보여주는 것처럼 호기심을 못 참는 존재입니다. 그래서 가능성이 조금이라도 있다 싶으면 만들어보고야 마는 존재이기도 합니다. 역설적이기는 하지만 그것이 바로 인류가 지구에서 이렇게 번성하게 된 동력이기도 합니다. 얼마 전에 개봉했던 영화 ≪허(Her)≫는 사랑을 느끼고, 질투도 하며, 마침내 영적 성장을 위해 주인을 떠나는 컴퓨터 프로그램에 관한 이야기입니다. 이러한 상상의 이면에는 인간의 고유한 진화적 특성이 자리하고 있습니다.

인간은 어떤 방식으로든 자신과 관계를 맺어야 하는 대상에 대해 감정을 투사하도록 진화해 왔습니다. 이러한 인간 특유의 공감 능력은 사회적 존재로서의 특질입니다. 사회적 존재의 가장 중요한 역량은 커뮤니케이션입니다. 그리고 공감 능력은 그런 커뮤니케이션의 기저 능력이기 때문입니다. 인간은 가장 고도로 진화한 사회적 생명체입니다. 따라서 인간의 공감 능력이 다른 존재들에 비해 특별하다는 것은 당연한 일이기도 합니다. 진화의 과정에서 그렇게 획득된 공감 능력은 우리가 반려동물과 대화를 하고 기쁨과 슬픔을 함께 하려고 하는 일상의 태도에서 확인할 수 있습니다. 꼭 살아 있는 동물이 아니어도 그렇습니다. 어린 시절 좋아하는 인형이나 장난감에게 대화를 시도했던 일은 누구에게나 있는 경험입니다. 하물며 적절한 리액션이 있는 대상에게 감정을 갖는다는 것은 지극히 당연한 일입니다. 애착이 가는 대상에게 감정을 부여하려는 것은 인간이 오랜 진화의 과정에서 반복해 온 오래된 습관입니다. 영화 ≪허≫에서 사람들이 컴퓨터 프로그램과 사랑에 빠지는 일이 그렇게 터무니없는 상상은 아니라는 겁니다. 사정이 이렇다면 상대방이 기계인지 아닌지를 알지 못하는 상황에서 우리의 감정과 판단에 대해 적절한 리액션을 해 주는 대상에게 감정을 투사하는 일은 너무나 쉽게 일어날 수 있는 일입니다. 아니 상대방이 기계인지 알고 있다하더라도 감정을 투사하는 일은 자연스러울 것입니다. 게다가 요즘처럼 혼자 사는 사람들이 늘어난다면, 나의 감정을 받아주고 대화할 수 있는 상대방이 필요할 겁니다. 영화 ≪허≫는 바로 그런 상황에 대한 풍자이자, 우리의 미래에 충분히 가능한 시나리오입니다.

결국 실제로 기계가 느낌을 갖고, 생각을 하느냐와 관련된 철학적 문제보다는 그런 현상들이 우리의 삶을 어떻게 바꾸어 갈 것인지에 대해 고민해 보는 것이 보다 현실적인 고민일 수 있습니다. 우리 주변에 문제를 해결하고 판단을 내리는 기계들이 가득하다면 우리의 삶은 어떻게 변할까요? 자동차라는 하나의 발명품이 우리의 삶을 어떻게 바꾸었는지를 생각해 본다면, 생각하는 기계의 등장이 가져올 변화는 상상하기조차 어려울 듯합니다.

2 결과적으로는 생각한다고 보아야 한다?

프랑스의 철학자 베르그손(H. Bergson)은 웃음이야말로 지성을 가진 존재의 특징이라고 말한 적이 있습니다. 웃을 수 있다는 것은 고도의 지능을 필요로 한다는 겁니다. 그런데 최근 재미있는 기사가 하나 났습니다. 인공지능이 공모 카툰의 심사를 맡을 것이라는 내용입니다. 카툰이라는 장르의 특성상 함축적인 그림과 짧은 문장에 풍자나 개그를 담아내야 합니다. 그런 어려운 일을 인공지능이 심사한다는 겁니다. 지난 2005년부터 <뉴욕커(New Yorker)>라는 잡지는 그 뒤표지에 독자들의 카툰을 실어왔습니다. 이 작업을 두 사람이 맡고 있었는데, 응모작이 워낙 많아서 애를 먹었다는 겁니다. 매주 5000여 장의 카툰을 심사해야 하니 힘들만 합니다. 그런데 이 작업을 효율적으로 하기 위해서 카툰 편집자들과 MS 직원들이 개그만화의 캡션을 심사할 수 있는 인공지능을 만들기로 했다는 겁니다. 말하자면 우스운 농담에 순위를 매겨 일차적으로 탈락할 후보들을 선별해 내겠다는 겁니다.(〈http://media.daum.net/digital/others/newsview?newsid=20150811141006325&RIGHT_COMM=R9〉 참조).

컴퓨터가 웃기지 않은 농담을 걸러내겠다는 이 프로젝트는 기계가 생각한다는 것이 무엇인지를 단적으로 보여줍니다. 프로젝트의 목적은 정말 웃긴 카툰을 찾아내는 것이 아니라 웃기지 않는, 다시 말해 진짜 심사자들이 사실상 주의 깊게 볼 필요가 없을 정도로 '형편없는' 응모작들을 제거해 버리는 것입니다. 결과적으로 심사자들은 쓸데없는 시간낭비를 줄일 수 있을 것입니다. 매주 5000여 개가 넘는 응모작들 중에는 사실상 수준 이하의 작품들도 적지 않을 것입니다. 그런 일을 기계가 대신 처리해 준다니 반가운 일이기는 합니다. 그런데 어떻게 웃기지 않는 카툰들을 걸러낼 수 있을까요? 그것도 기계가 말입니다!

생각을 바꾸면 훨씬 쉽게 이 상황을 이해할 수 있습니다. 오래 전부터 우리가 이미 사용하고 있는 기술이 활용될 수 있을 것이기 때문입니다. 바로 스팸 메일을 걸러내는 기술입니다. 스팸 메일을 걸러내는 기술은 주인이 볼 필요가 있는 메일만 남기고, 쓸데없는 편지들을 미리 제거하는 기술입니다. 카툰 예비 심사의 경우에도 마찬가지입니다. 원리에 있어서는 다르지 않습니다. 스팸을 걸러내는 일은 이미 우리에게 너무나 친숙한 일이 되었기 때문에 어떤 저항감도 느껴지지 않지만, 시간을 조금만 거슬러 올라가서 초기 이메일 사용자들에게 스팸 메일 필터링 기술에 대해 말한다면 아마도 이렇게 대답할 것입니다. "뭐라구요? 컴퓨터가 내가 읽을 편지와 읽지 않아도 될 편지를 미리 판단하고 정리해 준다고요? 그럼, 컴퓨터가 편지를 읽고 판단한다는 거잖아요. 그게 말이 되나요?"

웃기지 않는 카툰을 탈락시키거나, 아주 불량스런 광고들을 메일함에 들어오지 못하도록 막는 일이나 결과로만 보면 비슷한 작업입니다. 그런데 그 작업의 세세한 단계에 대해서 우리가 주목하지 못하면 그 결과가 놀라운 일이라고 여겨지는 겁니다. 사실 스팸 메일의 경우 아주 간단한 방법으로는 편지의 제목에 특정 문자열이나 단어가 들어간 편지를 제거하게 할 수 있습니다. 컴퓨터가 편지 내용을 속속들이 읽는 것이 아닙니다. 그러나 그 효과는 편지를 미리 읽은 것과 같습니다. 기계가 생각한다는 것은 과정의 문제가 아니라, 결과의 문제입니다. 물론 카툰 심사와 스팸 메일 처리 사이에는 질적으로 커다란 차이가 있습니다. 카툰 심사는 훨씬 더 고급스러운 판단 기준과 복잡한 데이터 처리 기술을 필요로 합니다. 그러나 그것은 결국 정도의 문제이지 결코 넘어설 수 없는 장벽이 아닙니다.

좀 더 친근한 사례도 있습니다. 이미 세계 각국에서 자율주행차에 관련한 기술 개발과 관련 법규에 대한 논의가 한 창입니다. 그런데 운전을 한다는 것은 엄청나게 복잡한 문제 상황을 처리한다는 것을 뜻합니다. 자동차를 조작하는 일도 그렇거니와 복잡한 도로 위의 우발적인 상황 아래서 행동을 결정해야 하는 일은 결코 쉬운 일이 아닙니다. 그래서 사람조차도 일정 수준의 나이가 되기 전에는 면허증을 받을 수가 없습니다. 운전 교습을 하다가 이혼까지 생각하게 하는 부부싸움을 한다는 무용담들은 운전이라는 행위가 어른에게도 얼마나 어려운 일인지를 보여줍니다. 그런데 그런 복잡한 일을 기계가 스스로 처리할 수 있게 된 겁니다.

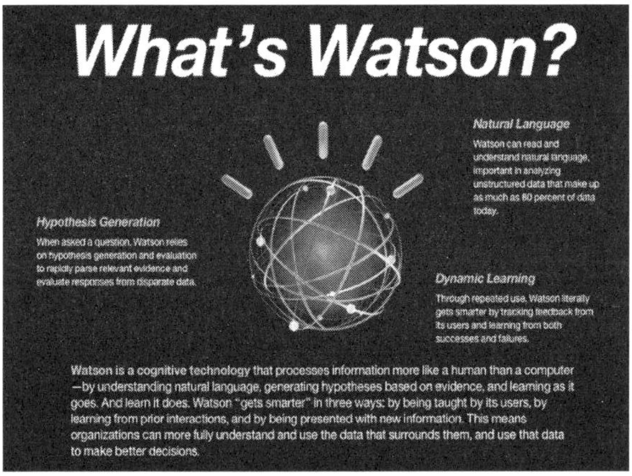

왓슨을 소개하는 홈페이지

앞서 잠시 소개한 왓슨의 예를 생각해도 마찬가지입니다. IBM의 CEO인 지니 로메티(Ginny Rometty)는 왓슨을 단순히 퀴즈쇼의 영웅에서 의료계의 새로운 영웅으로 만드는 일에 큰돈을 투자할 용의가 있다고 밝혔는데, 왓슨의 새로운 임무는 암을 진단하고, 적절한 치료 방법을 제안하는 일입니다. 아무리 경험 많은 의사라도 질병을 진단하고 적절한 치료법을 제안하는 일은 결코 쉬운 일이 아닙니다. 하지만 만약 왓슨이 전세계 암 전문가들의 방대한 치료 자료들을 갖고 있고 최신의 연구 성과들을 검색해서 그 데이터를 갖고 있다면(더구나 왓슨은 24시간 쉬지 않고 그 어떤 누구보다 빠르게 연산할 수 있는 존재이므로), 환자의 사진을 보고 자신이 갖고 있는 데이터들과 비교해서 최적의 판단을 내리는 일이 가능할지도 모릅니다. IBM에 따르면 의사의 수작업에 의존할 경우 최장 5~10개월 걸리던 이런 일련의 작업을 왓슨의 경우는 유전자 데이터를 탑재하고 버튼만 누르면 단 몇 분 만에 수행할 수 있다고 합니다.(http://koreanewstoday.co.kr/detail.php?number=44504)

아마도 이런 상상을 해 볼 수도 있을 겁니다. 환자가 병원에 갑니다. 공항에 가면 검색대가 있듯이, 병원에도 환자의 상태를 스캔할 수 있는 검색대가 있습니다. 환자는 그 검색대를 통과하면서 일차적인 진단이 이루어집니다. 그렇게 스캔된 정보가 병원의 메인 컴퓨터에 연결이 되고, 그 컴퓨터에 저장되어 있는 데이터를 활용해서 환자의 상태를 진단하고, 이제까지 누적된 치료 자료를 토대로 최적의 치료 방법을 제안합니다. 원리적으로는 해당 병원에서 접속할 수 있는 전세계 네트워크 상의 자료에서 현재 환자 상태와 가장 유사한 환자 사례를 검토하고, 해당 환자에게 효과가 입증된 치료법을 제안하는 겁니다. 모든 과정이 사람의 개입 없이도 일어날 수 있습니다. 마치 커피 자동판매기 앞에서 커피를 주문하는 것처럼, 병원의 자동 처방전 앞에서 몸을 스캔해 보이고 처방전을 받아들고 자동판매 약국에 가는 겁니다. 이러한 복잡한 일들을 처리하는 병원의 메인 컴퓨터는, 혹은 왓슨은 과연 생각 없는 기계이기만 할까요? 늘 피곤에 절어 실수하는 사람보다는 전세계의 자료를 검토하고 판단을 내리는 이 컴퓨터를 더 신뢰하게 되지 않을까요?

물론 이렇게 반론할 수 있습니다. '왓슨이든, 혹은 또 다른 인공지능이든 결국은 사람이 명령어와 데이터를 넣어주어야 한다. 그런 한에서 스스로 데이터를 찾아내서 학습하는 사람의 사고과정과는 근본적으로 다르다!' 적어도 아직은 이런 반론이 가능해 보입니다. 하지만 조금만 더 기술이 발전하면, 그런 한계를 극복할 수 있을 것이라고 믿는 사람들이 많습니다. 이른바 머신 러닝(machine learning)이나 딥 러닝(deep learning) 같은 개념들은 기계가 어떻게 학습을 하고, 그런 학습을 통해 문제를 해결해 나갈 수 있는지를 보여주는 가이드들입니다. 게다가 만약 기계가 감정을 읽어내고 상황을 판단하는 절차가 생명체인 인간의 뇌가 감정을 읽어내고 정보를 처리하는 방식과 원리적으로 대단히 유사하다고 하면 어떨까요? 아직 제대로 해명되지 못하고 있는 분야이기는 하지만 우리의 뇌 안에서 일어나는 다양한 작용들을 기계적으로 설명하고 시뮬레이션 해 보는 분야가 빠르게 발전하고 있습니다. 예컨대 우리의 생물학적 뇌는 패턴을 인식하는 능력이 뛰어납니다. 그런데 이 패턴 인식 능력이야말로 개그 카툰을 심사하는 인공지능이나 암을 진단하는 왓슨이 정보를 처리하고 학습하는 방식이기도 합니다.

독일의 철학자 칸트는 매일 규칙적인 시간에 산책을 했던 것으로 유명합니다. 심지어 사람들이 칸트의 산택 모습을 보고 시간을 짐작했다고 할 정도였습니다. 만약 그의 손에 인공지능을 탑재한 스마트 워치가 있었다면 어땠을까요? 스마트 워치는 칸트의 반복된 산책에서 패턴을 읽어냅니다. 어떤 시간대가 되면 주인이 무슨 일을 하는지를 기록해 두고, 충분한 데이터가 쌓이면, 그 데이터를 토대로 행동예측을 할 수 있습니다. 가령 산책 시간이 다가와서 책상에서 일어서려는 칸트에게 스마트워치가 '띵동!' 알람 소리를 내면서 이렇게 말합니다. "주인님 오늘 산책을 나가실 때는 우산을 가지고 가시면 좋겠어요. 산책 중에 소나기가 내릴 확률이 68%거든요. 그리고 이제까지 경험에 비추어봐서 목요일에 산책길 끝에서 슈타이너씨를 만날 확률은 75%랍니다. 혹 전하실 물건이 있으면 미리 챙겨두시면 편하실 것 같아요." 칸트가 기계에게 어떤 명령어를 입력한 적도 없습니다. 그저 손목에 차고 있었을 뿐입니다. 여행을 위해 틈이 날 때마다 여기저기 여행지와 가격정보를 확인하곤 하는데, 어느 날 뜬금없이 할인 여행상품이 나왔다고 광고 메일을 받아본 경험이 있는 사람이라면 칸트가 겪을 일이 그리 놀랄 일은 아닙니다.

핵심은 이겁니다. 기계가 실제로 생각하느냐 아니냐의 문제가 아니라 결과적으로 생각하는 것처럼 보이느냐 아니냐 하는 겁니다. 만약 인공지능이 온갖 루트를 통해 집적된 방대한 데이터를 뒤져 어떤 문제를 해결할 좋은 아이디어를 제안한다면, 우리는 그 인공지능이 생각한다고 말할 수 있는 경험적 증거를 갖는 셈이 될 것입니다. 다시 말해 실제로 기계가 생각하는 것이 아니라, '생각하는 것처럼 보이는' 기계들이 우리 주변에 등장하기 시작했습니다. 그리고 그런 기계들이 우리의 미래를 바꾸기 시작했습니다.

3 사물인터넷의 시대: 생각하는 기계와 노동의 종말

기계가 현실에서 일어나는 다양한 문제들을 해결해 나가기 시작하는 문화는 이제부터 시작입니다. 사물인터넷의 시대는 생각하는 것처럼 보이는 기계들의 문화를 확산시킬 것입니다. 우리 주변을 둘러싼 많은 사물들이 서로 정보를 주고받습니다. 예를 들면 자동차를 타고 집에 가는데 마침 엔진오일 교환 시기에 이르렀습니다. 자동차는 집에 가는 길에서 가장 가까이 있는 자동차 정비소를 찾아내고, 그곳에서 엔진오일을 교환할 것을 우리에게 제안합니다. 우리가 그런 제안을 승인한다면, 자동차는 해당 자동차 정비소의 메인 컴퓨터에 몇 분 후에 도착해서 엔진오일을 교환할 것이라는 예약을 걸어둡니다. 물론 이 때 자동차는 자기 혼자 운전을 하고, 차에 탄 주인은 업무 중이겠죠. 전혀 낯설거나 불가능한 일이라고 생각되지 않는 상상입니다.

또 스마트 리빙 분야는 요즘 사물인터넷이 가장 활발하게 적용될 시장입니다. 집안일을 가전기구들이 알아서 해 주는 것입니다. 집안의 온도를 자동으로 조절해주고, 청소로봇은 주인이 없는 사이에 집안 곳곳의 먼지와 머리카락을 치워줍니다. 주인이 저녁 메뉴를 정해서 알려주자 똑똑한 냉장고는 필요한 식자재를 알아서 주문합니다. 식재료 주문은 주인이 미리 지정해 놓은 마트의 메인 컴퓨터에게 하겠죠. 그렇게 주문한 식재료들은 1시간 내로 배달이 되어 집에 도착할 것입니다. 물론 우리는 아주 오래 전부터 그런 상상을 해 왔습니다. 말만 하면 음식을 만들어 내는 조리 기구가 있는 부엌은 미래를 예측하는 일을 업으로 삼은 사람들의 단골 메뉴였으며, 스마트 냉장고는 그런 부엌의 핵심적인 상징이었습니다. 사물인터넷 기술은 그런 상상을 드디어 현실로 가져 올 기술이라고 믿어지고 있습니다.

물론 우리가 정말 그런 부엌을 원할지는 두고 보아야 합니다. 기술을 개발하는 쪽에서는 장밋빛 전망을 내 놓지만 시장은 아직 미지근합니다. 요리가 취미인 사람이 냉장고와 오븐에게 요리를 맡기려고 하지는 않을 것이기 때문입니다. 그러나 가능하지만 내가 선택하지 않는 것과 아예 불가능한 것에는 차이가 있습니다. 원리적으로 가능하다는 것은 언제든 터질 수 있는 폭탄과도 같아서 언젠가는 폭발적으로 성장할지도 모릅니다.

인간을 둘러싼 사물들이 서로 정보를 주고받는 세상은 그동안 우리가 일일이 신경 써야 했던 시시콜콜한 문제들을 기계들이 알아서 해결해 주는 시대를 뜻합니다. 얼핏 생각하면 잡다한 집안일들을 기계들이 알아서 처리해 주니 우리는 훨씬 더 생산적인 시간을 가질 수 있을 것 같습니다. 그런데 여기에는 묘한 역설이 있습니다. 스마트 리빙을 통해 우리가 그저 생존을 위한 번거롭고 자질구레한 일에서 벗어나 보다 창조적이고 생산적인 노동에 종사할 시간이 생길 것처럼 보이지만 실제로는 스마트 리빙을 구현해 줄 기계들을 구매하기 위한 노동에 더 많은 시간을 쓰게 될 가능성도 커지기 때문입니다. 따라서 기계들이 우리 대신에 여러 가지 문제들을 해결해 주는 대신에 우리가 그런 기계들을 내 친구나 하인으로 만들기 위해 더 많이 노동해야 하는 이상한 결과가 나올 수도 있습니다. 더 큰 문제는 기계들이 스스로 문제들을 해결해 나가기 시작한다면, 인간이 노동할 자리가 점점 더 줄어들 것이라는 전망입니다. 앞으로 '몇 년 내에 사라지게 될 직업'은 고용 없는 성장의 시대를 살고 있는 젊은 사람들에게는 가장 뜨거운 테마이기도 합니다. 스마트한 삶을 위해서는 필요한 기계들을 사야 하고, 그러기 위해서는 일을 해야 하는데, 스마트한 기계들이 일자리를 없애 버린다면 뭔가 이상한 루프에 빠지게 되는 것입니다.

흔히 우리가 단순 업무라고 일컫는 일들이 있습니다. 어떤 매뉴얼이 있고, 그 매뉴얼에 따라 행동하거나 정보를 처리하는 일들입니다. 육체를 사용해야 하는 단순 업무가 기계로 대체된 지는 이미 오래되었습니다. 20세기에 들어서면서 이른바 기계적인 일은 정말 기계가 맡고 있습니다. 숨 가쁘게 돌아가고 있는 자동차 공장을 생각해 보면 됩니다. 거대한 로봇 팔이 자동차 프레임을 들었다 놨다 하면서 자동차를 만들어 냅니다. 사람들은 그 로봇 팔이 잘 작동하고 있는지를 감시합니다. 그런데 그 로봇 팔이 하던 일이 전에는 사람들이 하던 일이었습니다. 공장에서 자동화된 공정과 기계적인 장치(로봇)는 수많은 노동자를 대체합니다.

이런 현상은 육체노동의 경우만이 아닙니다. 고도로 발전한 프로그램들은 회계 업무나 정보의 기록과 관리 등 이른바 정신노동의 영역에서도 사람들을 밀어내고 있습니다. 예전에는 전문교육을 받은 수십 명의 인원이 필요한 일이었으나 이제는 강력한 프로그램과 그 프로그램을 운용할 사람 1명이면 되는 일이 허다합니다. 일자리가 줄었다는 말을 기업의 입장에서 보면 노동 생산성이 높아졌다는 것을 뜻합니다. 과거에 100명이 하던 일을 로봇 하나와 1명이 해 낼 수 있다면, 생산성은 100배나 성장한 것이 됩니다. 게다가 아직은 로봇이나 프로그램에게 월급을 주지도 않습니다.

이렇게 생각하는 기계는 인간의 경쟁자가 될 가능성이 점점 더 커지고 있습니다. 낙관적으로 생각하면 인간은 더 창조적이고 고급스러운 일을 하면 된다고 생각하지만 실제로 그런 일자리는 아직 많지 않습니다. 그래서 선진국들이 공통으로 직면하고 있는 문제가 새로운 일자리를 만들어 내는 일입니다. 게다가 끊임없이 발전하고 있는 기술을 생각한다면 그렇게 만들어진 일자리들은 새로운 종류의 생각하는 '기계'의 개발을 요구할 것입니다. 자본주의체제 속 경쟁에서 생산성을 높이는 일은 언제나 풀어야 하는 숙제이기 때문입니다. 그래서 인간이 가까스로 만들어 낸 새로운 일자리들은 새롭게 개발된 기계에 의해 또다시 도전받을 것입니다. 제레미 리프킨(J. Rifkin)이 말한 것처럼 노동의 종말이 다가오고 있는 것처럼 보입니다. 노동의 종말이 인류에게 축복일지 재앙일지 아직 모호합니다. 생존 노동으로부터 해방되는 것이 좋기는 하지만 그렇다고 의미 없는 놀이나 휴가가 우리의 삶을 의미 있게 만들어 주지는 못합니다. 혹여 일 하지 않고 정부의 지원금으로만도 생활이 가능하다 할지라도 많은 사람들은 자신의 존재 의미를 묻느냐고 바쁠 것입니다. 물론 최근 들어 리프킨은 사물인터넷이 새로운 기회를 제공할 것이라는 희망 섞인 전망도 내 놓습니다. 모든 기기들이 서로 정보를 주고받고, 그 정보를 개인들이 활용할 수 있게 됨으로써 진정한 프로슈머의 시대가 열릴 것이라는 전망 때문입니다.

리프킨의 태도가 그런 것처럼 새로운 기술의 등장은 언제나 장밋빛 전망과 잿빛 전망 모두를 내놓기 마련입니다. 예컨대 레이 커즈와일(R. Kurzweil) 같은 미래학자는 자신의 책 ≪특이점이 온다≫를 통해 생각하는 기계가 스스로 학습을 할 수 있는 단계에 이를 것이고, 그렇게 자신을 업그레이드 해 나감으로써 마침내 진화의 도정에 들어설 것이라고까지 예언합니다. 그것도 머지않은 미래에 말입니다. 그렇다면 인간은 어디에 서 있게 될까요? 미래학자들 중 일부는 인간 역시 기술의 발전에 의지해 새로운 형태로 진화할 것이라고 예견하기도 합니다. 2008년도에 개봉되었던 애니메이션 [월-E]는 그런 미래에 대한 전망입니다.

인류는 쓰레기로 가득한 지구를 떠나 망망우주의 우주선 속에 살고 있습니다. 쓰레기장이 된 지구는 오직 월-E라는 낡은 청소로봇이 수백 년

동안이나 청소를 해 가며 지키고 있습니다. 외로움을 견디기 힘들어 하던 월–E는 지구의 상태를 알기 위해 온 탐사 로봇 이브를 보고 한 눈에 사랑에 빠집니다. 그리고 그 사랑의 대가로 위험한 모험이 시작됩니다. 로봇의 사랑이 매우 서정적으로 느껴지는 이 영화에서 월-E는 정말 귀엽고 사랑스럽습니다. 반면 기계적인 장치에 의지해 오직 감각적인 쾌락만을 추구하는 인류는 운동능력이 거의 없어 제대로 걷지도 못하는 우스꽝스러운 모습으로 변하고 맙니다.

영화의 상상력이 과장되어 있기는 하지만 쓰지 않는 것은 결국 퇴화한다는 것은 자연의 냉엄한 진실이기도 합니다. 런던의 택시 기사들의 해마 크기에 관한 실험은 그런 사실을 실증해 주기도 합니다. 해마는 주로 기억에 관여하지만 공간지각의 능력과도 상관이 있다고 알려져 있습니다. 영국의 연구자들이 런던의 복잡한 길을 다니는 택시 기사들의 뇌를 스캔한 결과 택시 기사들의 해마의 뒷부분이 평범한 사람들보다 훨씬 발달했다는 겁니다. 경력이 많은 기사일수록 그런 차이는 분명했는데, 이는 우리의 뇌가 환경변화에 따라 적응한다는 것을 보여주는 사례이기도 합니다. 내비게이션에 의지한 이후로 길을 찾는데 어려움을 겪거나 휴대폰이 없어 공중전화에서 전화하려고 할 때 번호가 기억나지 않아 고생해 본 사람이라면 그 실험이 무엇을 의미하는지 알 수 있을 것입니다. 인류가 여전히 진화의 과정에 있다면 우리의 뇌도 환경 변화에 적응해가리라는 것을 어렵지 않게 예상해 볼 수 있을 겁니다. 이런 생각은 판단을 내리고 생각하는 것처럼 보이는 기계들에게 많은 일들을 내맡긴 인류의 미래를 상상하게 합니다.

영화 [월–E]

사물인터넷의 시대는 결과적으로 우리를 둘러싼 사물들이 서로 정보를 주고받음으로써 우리의 사소한 문제들을 해결할 수 있게 해 줄 뿐만 아니라, 우리가 원하지도 않았고 또 생각하지도 못했던 정보들을 제공함으로써 인류를 이제까지와는 다른 환경 속에서 살게 만들 것입니다. 그렇게 변화된 환경은 우리에게 적응 압력을 가할 것이며, 그것은 우리를 변화하게 만들 것입니다. 생존을 위해서는 노동을 해야 하는데, 생각하는 기계들의 세계는 인간의 노동 양식을 바꿀 것입니다. 이러한 변화는 결국 우리 삶의 형태도 변화시킬 것입니다.

오늘날 유독 강조되고 있는 지적 능력이 있습니다. 바로 창의성입니다. 이는 생각하는 것처럼 보이는 기계들의 세상을 생각해보면 당연한 요구인지도 모릅니다. 기계가 생각한다고 할 때, 그것은 기계들이 예술적 활동을 하는 것이 아니기 때문입니다. 생각하는 기계는 인간의 필요에 대응하기 위한 것입니다. 다시 말해 우리 주변에서 일어나는 다양한 문제들을 기계적 합리성을 통해 해결하려는 것입니다. 만약 이러한 기계적 합리성에 입각해서 문제를 해결하는 사고 영역을 기계에게 넘겨주고 나면 인간은 다른 영역을 찾아내거나 개발해야 할 것입니다. 오늘날 사회 곳곳에서 요구되는 창의성은 바로 그런 맥락에서 말해지는 것입니다. 그리고 그것은 인간의 인간다움의 조건과도 관련이 있을 것입니다. 기계는 하지 못하고, 인간만이 할 수 있는 일이기 때문입니다.

4 기계는 어떻게 생각하는가: 진짜보다 더 잘하는 가짜

생각하는 것처럼 보이는 기계들의 등장은 이제까지 인류가 겪어 온 여러 가지 문명적 변화 중에 가장 큰 충격을 줄 것으로 여겨지고 있습니다. 그도 그럴 것이 이제까지 인류가 지구에서 함께 살고 있는 다른 이웃들과 전혀 다른 진화의 길을 걸어 온 까닭은 생각하는 힘 때문이었습니다. 그런데 기계가 생각하기 시작하면 이제 인간은 뭘 해야 할지 감이 서질 않습니다. 말하자면 당황스러운 것입니다.

분명 누군가는 이런 미래 전망에 대해 어처구니없는 과장이라고 말할 것입니다. 생각하는 기계는 착시일 뿐이고, 기계는 절대로 자기의식을 갖지 못할 것이기 때문이라는 겁니다. 예컨대 기계가 우리가 원하는 어떤 문제들을 해결해 나갈 때, 그 세부과정에 의미를 부여하는 것은 우리 자신이지 기계가 아닙니다. 다시 말해 스팸 메일을 자동을 걸러주는 프로그램이 자신이 얼마나 일을 잘했는지에 대해 자랑하는 법은 없습니다. 그것은 자신이 하는 일의 의미를 모르기 때문입니다. 결과적으로만 보면 쓸모없는 편지를 걸러내고, 수준 이하의 카툰을 심사에서 탈락시키고, 냉장고에 있어야만 하는 물건이 떨어졌을 때 주문을 하고, 사람이 없으면 실내 온도를 낮춤으로써 마치 생각하는 것처럼 보이는 기계들은 그저 어떤 과정을 기계적으로 반복하는 것뿐입니다. 그 세부과정에 의미를 부여하는 것은 기계가 아니라 인간입니다. 자신 앞에 앉아 있는 사람의 평소 소비 패턴을 재빠르게 검색해서 맞춤 광고를 하는 인공지능은 자신 앞에 앉아 있는 사람이 무엇 때문에 화가 났는지 신경 쓰지 않습니다. 물건이 떨어졌다고 냉장고가 슬퍼하지도 않습니다. 그리고 사람도 없는데 난방 에너지를 쓴다고 아까워하는 보일러도 사실은 없습니다. 인간의 감정, 인간의 생각은 기계가 표현해 내는 감정이나 생각과는 확실히 다른 것 같습니다. 주어진 과제나 문제를 해결한다고 해서 그것이 곧 생각하는 것일 수는 없어 보입니다. 그래서 차이를 분명히 해 볼 필요가 있습니다. 기계의 생각과 인간의 생각 사이의 차이 말입니다.

인간은 감각기관을 갖고 있습니다. 이 감각기관을 통해 외부 세계의 정보를 받아들이기도 하고, 다른 존재에게 정보를 보내기도 합니다. 기계는 센서(sensor)를 갖고 있습니다. 이 센서는 인간의 감각기관과 비슷한 기능을 합니다. 기계는 센서를 통해 외부 세계의 정보를 받아들이기도 하고, 외부의 다른 기계들과 정보를 교류하기도 합니다. 사물인터넷 기술이 우리를 당황스럽게 하는 까닭은 사물이 그렇게 정보를 주고받기 때문입니다. 감각 기관을 통해 정보를 주고받는 일은 생명체의 특징인데, 기계도 센서를 통해 정보를 주고받음으로써 마치 살아 있는 것처럼 보이기 시작한 겁니다.

인간은 자신이 겪은 일들을 기억합니다. 그리고 자신의 기억 창고에서 필요에 따라 정보를 불러 옵니다. 기계도 자신에게 입력된 정보들을 저장합니다. 그리고 필요에 따라 정보를 불러 옵니다. 인간은 기억에 실패하기도 하지만, 기계는 저장된 정보를 불러 오는데서 실패할 확률이 인간보다는 훨씬 적습니다. 기억력에 관한 한 기계는 인간보다 월등합니다.

인간은 자신에게 주어진 문제를 해결하기 위해 자신이 기억하는 정보 내에서 해결 방법을 찾지 못하면, 다른 사람이나 책과 같은 다른 도구들의 도움을 받아 문제를 해결합니다. 기계도 자신에게 저장된 정보에서 문제 해결에 필요한 정보가 없으면 네트워크로 연결된 거대한 지식창고에서 유사한 문제 사례를 검색하고 해결에 필요한 정보를 불러올 수 있습니다.

얼핏 이렇게만 생각해 봐도 기계는 인간이 생각하는 과정을 매우 비슷하게 시뮬레이션하고 있는 것처럼 보입니다. 그렇다면 기계가 생각하는 것과 인간이 생각하는 과정에는 차이가 없는 것일까요? 궁리를 한다면 차이는 금방 찾을 수 있을 것 같습니다. 가령, 인간은 자신이 모르는 것이 있다는 것을 압니다. 소크라테스가 그랬던 것처럼 말입니다. 기계는 어떨까요? 기계도 자신이 모르는 것이 있다는 것을 알까요? 적어도 이 부분만큼은 아직 인간과 기계 사이에 차이가 있는 것 같습니다. 모르는 것을 안다는 것은 반성적 자기의식이 있다는 뜻입니다. 인간과 달리 기계는 아직 반성적 자기의식이 없습니다. 또 기계는 아직 호기심을 갖고 있지 못합니다. 호기심은 일종의 결핍에 대한 인식입니다. 뭔가가 잘 작동되지 않는다는 것을 자각하는 것과는 달리 아무런 문제없이 잘 작동하고 있을 때에도 호기심은 인간으로 하여금 새로운 뭔가를 향해 나아가게 합니다. 기계도 그런 호기심을 가질 수 있을까요? 기계가 학습을 하는 경우는 어떤 과제가 주어졌을 때, 자신에게 그 과제를 해결할 정보가 충분치 않으면 학습(혹은 검색)을 시도할 수 있을 것 같습니다. 이론적으로 그것은 어렵지 않아 보입니다. 그러나 순수한 호기심, 혹은 지루한 일상에서 벗어나고자 하는 욕망으로부터 나온 호기심은 없을 듯합니다. 결국 이야기는 기계가 지적 욕망을 갖는가, 나아가 어떤 명령이나 요구 없이 스스로 과제를 설정하는 자유의지가 있는가 하는 문제로 귀착될 것입니다.

만약 미래주의자들이 말하는 것처럼 기계가 스스로 진화하기 시작한다면, 어느 순간엔가는 자유 의지와 지적 욕망을 가질 수 있을지도 모르겠습니다. 이러한 문제에 답하려면 생명과 욕망, 그리고 자유의지의 본성에 관한 복잡한 철학적 논의를 필요로 할 것입니다. 어쨌든 그런 일이 가까운 미래에 일어나지는 않을 것 같습니다. 설령 기술적인 발전이 지적 호기심을 가진 기계를 가능하게 하더라도 그런 기술을 허용할지 여부는 아직 그런 기계를 창조하는 인간에게 달려 있기 때문입니다. 따라서 지적 호기심을 갖는 기계의 등장은 인류의 합의를 전제로 할 때인데, 지적 호기심과 욕망을 갖는 기계를 허용할 만큼 인류가 쿨한 존재는 아닌 듯싶습니다. 꿈을 꾸고, 욕망을 갖고 있는 기계를 만들어 내는 일은 커다란 저항에 부딪칠 것입니다. 많은 SF 영화가 기계가 인간을 위협하는 디스토피아를 걱정하듯, 인간과 똑같이 욕망하는 기계를 반길 사람은 없어 보입니다. 무엇보다 욕망을 갖고 자유의지를 갖는 존재는 타자의 명령에 저항하기 마련인데, 그런 기계를 만들고 싶지는 않을 것입니다.

하지만 기계의 생각과 인간의 생각 사이의 이런 차이들에도 불구하고 우리를 긴장시키는 영역이 있습니다. 주어진 문제를 합리적으로 해결하는 영역이 바로 그것입니다. 인간과 다른 기계 지능이 인간의 일자리를 위협한다고 말해지는 이유가 바로 그것 때문입니다. 문제를 해결하는 알고리즘이 있을 경우, 인간은 기계적 지능의 효율성을 따라가기 어렵습니다. 더구나 지치지도 않고, 우리와는 비교할 수 없을 정도의 빠른 연산 능력을 가진 기계를 이길 수는 없습니다.

그런데 연산의 알고리즘을 적용한다는 것은 어떤 절차에 따라 생각하는 것을 뜻합니다. 그런 의미에서 수학적이고 기계적입니다. 그래서 실증적입니다. 조금 문학적으로 표현하자면 기계적인 사유는 보이는 것만을 봅니다. 보이는 것 너머의 보이지 않는 것을 보지는 못합니다. 이것이 인간과 기계가 생각하는 방식의 차이입니다.

절차적이고 기계적인 방식의 사유는 이렇습니다. 문제가 정의됩니다. 다시 말해 해결해야 할 과제가 무엇인지가 분명해집니다. 그런 다음 그 문제를 풀기 위한 최적의 솔루션이 무엇인지를 찾아냅니다. 여러 가지

가능한 후보들 중에 그 문제를 해결하기 위해 최적이라고 여겨지는(최적의 조건은 그때그때 다를 수 있습니다. 때로는 비용일 수도 있고, 또 때로는 시간일 수도 있습니다.) 대안을 발견해서 행동에 들어가는 것입니다. 이런 종류의 사유에 있어서는 인간이나 기계나 큰 차이가 없습니다.

그러나 기계가 정의된 문제를 다시 문제 삼지는 않습니다. 왜냐 하면 문제로, 혹은 과제로 주어진 것은 이미 잘 정의된 것으로 간주하기 때문입니다. 해결해야 할 과제가 주어졌을 때, 그것이 왜 문제인지를 묻지 않습니다. 그것은 그 문제해결의 시스템을 벗어나는 질문이기 때문입니다. 마치 군인이 상관의 명령에 대해 토를 달지 않듯, 기계는 자신에게 주어진 과제가 어떤 맥락에서 문제인지를 묻지 않습니다. 기계는 오직 보이는 것만을 봅니다.

우리 주변을 맴돌고 있는 청소 로봇을 보면서 이런 상상을 해 봅니다. 미래의 어느 날 주인이 외출하면서 청소 로봇에게 명령을 합니다. 어떤 명령을 할까요? 아마도 집안 청소일 겁니다. 명색이 청소 로봇인데 요리를 해 놓으라고 말하지는 않을 것입니다. 로봇은 돌아다니면서 열심히 먼지를 빨아들이고, 바닥에 붙은 물걸레로 집안을 닦고 다닐 것입니다. 그러던 중 에너지가 부족하면 충전기 위에 올라 앉아 휴식을 취하고 자신이 완료되었다고 판단할 때까지 쉴 새 없이 집안 구석구석을 돌아다닐 것입니다. 자, 이제 청소가 완료되었습니다. 청소로봇은 이제 무슨 일을 해야 할까요? '청소!'라는 주인의 명령어는 보이는 것입니다. 로봇은 자신의 센서로 먼지와 머리카락 등 청소해야 할 대상들을 발견하고, 그런 것들이 어느 정도 발견되지 않을 때까지 마루와 방을 배회하며 청소기를 작동할 것입니다. 그런 것들 모두가 보이는 것들입니다. 청소 로봇은 보이는 명령과 보이는 대상들만을 가지고 자신의 과제를 만들어 내고 해결해 나갑니다. 그런데, 이제 그 보이는 과제들이 다 끝났습니다. 뭘 해야 할까요? 청소로봇이 가만히 충전기 위에 앉아 이제 주인이 돌아올 때까지 무엇을 해야 할 지를 고민하고 있을까요?

사람이라면 어떨까요? 물론 게으른 사람이 아니라 부지런한 사람입니다. 그 사람은 이제 무엇을 할지를 생각해 보려 할 것입니다. 계속 휴식을 취하든지, 아니면 뭔가 다른 일을 하든지를 고민할 것입니다. 하지만 청소로봇은 고민하지 않습니다. 자신에게 주어진 과제를 다 수행하면 정해지지 않은 '새로운 뭔가'를 찾기 위해 고민할 이유가 없습니다. 그 '새로운 뭔가'는 보이지 않는 것입니다. 주어진 것에서 그것 너머의 다른 주어지지 않은 것을 생각하는 것, 그것은 인간만의 것입니다.

그런데 그 인간만의 것을 '자랑(?)'하기 전에 먼저 생각해야 할 것이 있습니다. 낭만적인 환상에 앞서 현실을 생각해야 하기 때문입니다. 우선 우리가 처리하는 일들이 어떤 성격의 것인지를 생각해야 합니다. 일상의 일이나 직업적인 일에서나 여러 가지 일들이 뒤섞여 있기는 하지만 정해진 프로세스들을 따라 주어져 있는 자료들을 토대로 의사결정을 하고 행동을 해야 하는 일들과 기존과는 다른 뭔가 새로운 것들을 생각해 내야만 하는 일들로 나누어 볼 수 있을 것입니다. 앞의 일들은 비교적 반복적이며 과제를 해결하는 방식이 이미 정해져 있는 일들이라면, 뒤의 일들은 기존의 생각이나 방식과는 다른 뭔가를 찾아내야만 합니다. 결론부터 미리 말하자면 앞의 종류에 들어갈 수 있는 일들은 이미 이야기했듯 기계적 지능이 훨씬 더 정확하게 잘합니다. 이것을 '기술을 통한 재현(representation)'이라는 개념으로 설명할 수 있습니다.

우리가 사용하는 문명의 이기들은 대부분 우리가 하고 있는 일들을 재구성해서 기계가 할 수 있도록 재현해 놓은 것입니다. 자동차는 빨리 가고자 하는 우리의 욕망을 위해 '말'을 재현해 놓은 것입니다. 아직도 우리는 자동차의 성능을 비교할 때 '마력'이라는 말을 사용합니다. 비행기는 '새'의 기능을 재현해 놓은 것입니다. 자동차가 '진짜' 말은 아닙니다. 그러나 말보다 더 뛰어난 말의 기능을 갖고 있습니다. 비행기도 '진짜' 새는 아닙니다. 그러나 지구상에 존재하는 어떤 새도 '비행기'보다 빠르고 멀리 날 수는 없습니다. 적어도 우리가 목표로 하는 특정 기능들에 있어서는 모방품들이 원본을 뛰어 넘는 것입니다.

자연에 존재하는 것들의 기능을 모방하려고 할 때, 대부분은 원본을 뛰어넘기가 어렵습니다. 수십 만 년의 진화 과정을 거쳐 적어도 그 부분에 있어서만큼은 전문가가 된 대상들의 기능을 따라잡기란 쉬운 일이 아닙니다. 말처럼 빨리 달리고 싶지만 인간의 몸이 말을 따라 잡을 수는 없습니다. 그런데 왜 빨리 달리고 싶을까요? 목적을 다시 생각해 봅니다. 순수하게 빨리 달리는 것 자체가 목적이라면 모르되, 어딘가를 빨리 가고 싶어서라면 사정이 달라집니다. 그래서 인류는 우회로를 생각해 냅니다. 꼭 말의 다리를 복사해야 하는 것은 아니기 때문입니다. 형태와 과정이야 어쨌든 우리가 빨리 가고, 멀리 갈 수 있기만 하면 됩니다. 그래서 바퀴를 생각해 냅니다. 뭔가를 재현해 내고자 할 때, 그 재현의 목적과 결과의 측면에서만 보면 그 중간 과정들이 무엇인가는 중요하지 않을 수 있습니다. 자동차는 말과 닮은 것이 거의 없습니다. 그럼에도 우리가 말에서 기대하는 중요한 기능들을 만족시킵니다. 그렇다면 '생각한다는 것'은 어떨까요?

기계와 인간 사이의 '생각하는 것'의 차이에 대해 이미 많은 이야기를 했지만 결과적으로 인간이 생각해서 내 놓은 결과와 기계가 처리해 놓아서 내 놓은 결과가 동일하거나 혹은 인간의 것보다 오히려 낫다면, 인간과 기계 사이의 생각하는 것의 차이가 그렇게 중요할까요? 말과 자동차는 완전히 다르지만 먼 곳에 빠르게 도달하고자 하는 목표의 관점에서 보면 말보다 자동차가 더 낫습니다. '생각하는 것처럼 보이는 기계'들의 등장이 인간의 일자리를 위협한다고 말해지는 까닭은 바로 이 때문입니다. 진짜는 아니지만 진짜의 기능을 훨씬 더 성공적으로 수행해 내는 가짜들이 진짜를 대체하는 것입니다.

사물인터넷은 이제까지 제대로 인간이 파악하지 못하고 있던 온갖 정보들이 생산되고 저장되고 유통될 수 있는 인프라입니다. 사물들은 끊임없이 신호들을 만들어 냅니다. 기계가 고장이 나기 전에 소음이 나는 것이 그 한 예일 것입니다. 사물인터넷 환경에서는 그런 신호들이 정보로 전환됩니다. 그리고 기계 지능, 정확히 말하면 지능을 재현한 프로그램들은 그런 정보들을 활용할 수 있게 됩니다. 이제까지 자연적인 인류가 파악하지 못한 새로운 정보들이 쏟아지는 것입니다. 우리가 몸의 신호를 이해하게 되면 질병을 파악하고 조치를 취할 수 있는 것처럼 사물들이 자신들에게 부여된 센서를 통해 서로 정보를 주고받고 기계 지능은 그런 정보를 토대로 문제를 해결해 나갑니다. 앞으로 인류는 새로운 정보 환경 속에 살아가게 될 것입니다.

물론 이런 상상은 아직 먼 이야기일 수 있습니다. 그러나 우리가 최근 경험하고 있는 사실은 인류의 재현 기술은 때때로 상상보다 빠른 속도로 발전하고 있다는 것입니다. 1980년대 많은 컴퓨터 공학자들은 자율주행차에 대해 회의적이었습니다. 복잡한 도로 환경에서 자동차를 운행하는 것은 사람도 쉽지 않은 일이기 때문입니다. 끊임없이 일어나는 자동차 사고 소식은 자동차를 운행하는 일이 쉽지 않은 일이라는 것을 증명합니다. 그러나 고작 한 세대가 지나지 않아 우리는 자율주행차가 곧 거리를 돌아다니리라는 것을 알고 있습니다. 분명 인류는 생각하는 것처럼 보이는 기계들과 함께 살아가야 할 것입니다. 그리고 어떤 기능들에서는 기계가 인류보다 훨씬 더 뛰어난 역량을 발휘할 것입니다. 설령 그 기계들이 전혀 생각하지 못하고 있더라도 말입니다. 만약 이런 기계 지능들이 인류의 일자리를 대신한다면, 우리는 뭔가 다른 일을 해야만 할 것 같습니다. 그런데 무슨 일을 해야 할까요? 혹은 기계 지능들과 함께 살아가야 하는 상황을 어떻게 받아들여야 할까요? 혹 이 문제도 생각하는 기계가 해결해 줄 수 있을까요?

5 기계가 생각하는 시대 속에서 인간으로 살기

사물인터넷 환경에서 마치 생각하는 것처럼 보이는 기계는 보이는 것만을 봅니다. 보이는 것 너머의 보이지 않는 것을 보지는 못합니다. 바로 이것이 인간과 기계가 생각하는 방식의 차이입니다. 보이지 않는 것을 보는 방법은 문학적 은유가 가장 잘 보여줍니다. 우리의 가슴을 울리는 시어(詩語)의 은유가 그렇고, 어린 친구들이 즐겨 읽는 동화의 은유가 그렇습니다. 개성 넘치는 아기 돼지 삼형제들이 힘센 늑대를 골탕 먹이는 동화를 읽으며 정말 아기 돼지들이 짚과 나무와 돌로 집을 짓는다고 생각하지 않습니다. 설령 어떤 어린 아이가 마치 컴퓨터처럼 은유를 이해하지 못하다가도 어느 순간 그 돼지들이 진짜 돼지는 아니라는 것을 알고 난 후에는 쿵푸하는 팬더가 진짜 팬더는 아니라는 걸 금방 압니다. 하지만 인공지능은 여전히 그 팬더가 진짜 팬더는 아니라는 걸 다시 가르쳐야 합니다.

기계가 생각하는 것처럼 보이는 시대에서 인간답게 살기는 인간적 사유의 본성을 제대로 이해하고 사는 것입니다. 뭔가 부족하고 모자라다는 의미에서 말하는 인간다움이 아니라 주의 깊고 신중하게 생각한다는 의미에서의 인간다움입니다. 사물인터넷 기술은 새로운 첨단기술들의 공습을 예고하는 전주곡일 뿐입니다. 바이오 프린팅 기술은 인간을 점점 더 기계적인 방식으로 이해할 수 있게 만들어 줍니다. 앞으로 우리는 마치 기계가 부품을 교체하듯이 신체 부분들을 교체할 수 있을지도 모릅니다. 이른바 나노 혁명이라고 불리는 기술들 또한 우리의 삶을 어떻게 바꾸어갈지 모릅니다. 그런 의미에서 생각하는 것처럼 보이는 기계들의 등장은 거대한 변화를 목전에 두고 있는 인류가 다가올 변화들에 대해 어떤 원칙을 가지고 대처해야 하는지를 묻는 사건입니다.

변화에 직면한 사람들이 위험하게 생각해야 할 문제는 그런 변화에 대한 맹목적인 열광이나 거부입니다. 맹목적인 열광은 새로운 기술이 일으킬 부정적인 결과들을 보지 못하게 할 것이고, 맹목적인 거부는 새로운 기술이 우리에게 제공할 기회를 날려버릴 것입니다. 부인할 수 없는 사실은 기술의 발전을 통해 인류는 정말 많은 문제들을 해결해 왔다는 것입니다. 사물인터넷 기술, 그리고 그런 기술의 효과로서 생각하는 것처럼 보이는 기계 역시 우리 일상의 많은 문제들을 해결해 줄 것입니다. 초고령 사회에서 많은 싱글로 살아야 하는 삶에서 우리의 일상을 점검해 주는 기계는 참으로 반가운 기술입니다. 또 이런저런 이유로 신체적인 불편을 안고 살아야 하는 사람들에게 생각하는 기계는 정말로 큰 도움을 줄 수 있을 것입니다.

물론 보수적인 시선에서 보자면 걱정해야 할 문제들도 많습니다. 앞서 말했던 것처럼, 생각하는 기계의 등장은 기계와 인간의 일자리 경쟁 문제를 낳을 것이고, 그 결과 어떤 사람들은 첨단기술을 향유하며 살겠지만 어떤 사람들은 첨단기술로 인해 삶이 피폐해지는 계층 간의 문제가 생길 수도 있습니다. 인류 문명사가 그랬듯이 새로운 기술의 도입은 다양한 사회적 변화를 초래합니다. 더구나 사회가 복잡해질수록 변화의 끝이 어떤 결말로 이어질지를 예측하는 일은 점점 더 어려워지고 있습니다. 복잡성의 증가와 함께 예상치 못한 우발적인 사건들 역시 많이 일어나기 때문입니다.

결국 중요한 것은 균형감과 신중함입니다. 적어도 아직까지 생각하는 기계의 사유 방식은 수학적이며 공학적입니다. 그 이야기는 동일한 상황이라면 어떤 기계라도 동일한 결과값을 낼 개연성이 높다는 뜻입니다. 대부분의 수학 문제가 답이 정해져 있는 것처럼 말입니다. 하지만 인간의 사유는 기계적 사유가 보지 못하는 문제를 봅니다. 아니 보려고 해야 합니다. 비판적이고 반성적인 시선은 보이는 것에 감추어져서 보이지 않는 것을 볼 수 있게 도와줄 것입니다. 고대 그리스 신화에 나오는 두 형제, 프로메테우스와 에피메테우스의 이야기가 새로운 기술에 관해 우리가 생각해야 할 것을 말해줍니다.

인류에게 불을 가져다 준 티탄(거인족) 프로메테우스는 미리 생각하고 아는 자입니다. 반면 그의 동생은 일을 저지르고 나서야 생각하는 자, 에피메테우스입니다. 두 형제 중 세상 만물에게 살아갈 재능을 나누어 주는 일을 에피메테우스가 맡았습니다. 역시나 에피메테우스가 아무 생각 없이 눈에 띄고 생각나는 대로 재능을 나누어주고 나자 정작 인간에게는 특별하게 줄 것이 없었습니다. 결국 에피메테우스가 프로메테우스에게 인간의 딱한 사정을 말하자, 프로메테우스는 인간에게 불을 훔쳐다 주었습니다.

불은 만물을 변성시키는 힘, 말하자면 인류 문명에서 기술의 힘을 상징합니다. 인간은 프로메테우스가 가져다 준 기술의 힘으로 오늘날 지구상에서 가장 번성한 종이 되었습니다. 프로메테우스와 인류는 그 새로운 힘에 대가를 각각 받게 됩니다. 프로메테우스는 인간에게 너무 큰 힘을 준 대가로 결국에는 매일매일 독수리에게 간을 파 먹히는 끔찍한 벌을 받아야 했습니다. 그리고 프로메테우스 덕에 인류가 너무 큰 힘을 갖게 되자 제우스는 꾀를 냅니다. 깊은 생각 없는 에피메테우스에게 아름다운 아내를 보낸 것입니다. 에피메테우스는 형 프로메테우스의 경고에도 불구하고 그 여인과 결혼합니다. 그 여인이 바로 판도라입니다. 잘 알려진 것처럼 판도라 덕에 인류는 온갖 질병과 재앙을 겪어야 했습니다. 물론 이 비극적 이야기의 끝은 열려 있습니다. 그리고 희망적이기까지 합니다. 프로메테우스의 아들 데우칼리온과 판도라의 딸 피라는 제우스가 일으킨 대홍수에서 살아남아 새로운 인류의 시작을 알립니다. 다만 유감스러운 것은 아직 우리는 판도라의 상자가 열린 뒤 사라질 인류에 속하는지, 아니면 새롭게 시작하는 인류에 속하는지를 알지 못하고 있다는 겁니다. 다만 분명한 것은 우리가 어떻게 선택하느냐에 따라 우리의 미래가 결정될 것이며, 그 미래가 오늘 우리의 선택에 의미를 부여할 것이라는 사실입니다.

저자들의 수다

오늘날 여기저기에서 회자되고 있는 사물인터넷이 우리의 삶을 얼마나 변화시킬지는 두고 볼 일입니다. 오늘날의 네트워크 사회는 작은 변화에도 커다란 결과가 빚어질 만큼 복잡해졌기 때문입니다. 분명한 것은 그러한 변화가 그리 멀지 않았다는 것뿐입니다. 그래서 여전히 모호하기는 하지만 사물인터넷을 어떻게 이해하고 받아들여야 하는지를 생각해 보는 일은 일종의 준비일 수 있습니다. 이제까지 경험하지 못한 새로운 것을 받아들이기 전에 하게 되는 가장 자연스러운 행동은 질문입니다. 하나의 질문은 우리의 생각들을 계속 움직이도록 하는 일종의 길잡이기 때문입니다. 질문들을 통해 우리는 그 낯선 것에 조금씩 가까이 다가갈 수 있을 것입니다. 아래의 이야기들은 저자들이 모여 서로의 글들에 대해 덧붙인 질문들과 대답들입니다. 대개의 질문들이 그렇듯이 이 질문들 역시 또 다른 연쇄적인 질문들을 낳는 일종의 시작일 뿐입니다. 이 질문들을 넘어서서 새로운 질문을 던지는 일은 독자의 몫일 것입니다.

오늘은 독자들을 대신해서 이 책의 저자들이 서로에게 독자가 되어 이런저런 얘기를 나눠 보도록 하죠.

김진택 : 모여야 해서 모이긴 했는데... 이런 일이 저도 그렇고 선생님들도 익숙한 일은 아니라(웃음), 그래도 하기로 한 것이니 해보긴 해야 할 것도 같은데... 어떻게 할까요?

박승억: 그러게요, 쑥스럽고 그러네요. 음... 그럼, 저희가 작년에 처음으로 책 준비할 때 아이디어 나누고 좌충우돌하면서 다듬어 나갔던 그 때 얘기 생각해 보면서 한번 해볼까요?

김진택: 기억이 나세요? 이제 다들 어제 아침 일도 기억 못하시면서...(웃음)

김연순: 맞아죠, 그러니까요. 챙겨먹어야 하는 약도 먹었는지 안 먹었는지 기억이 안 나고, 또 손에 약을 들고도 약통이 어딨지? 혼자 중얼거리며 여기저기 약통을 찾으러 가곤 하니까요.

박승억: 선생님, 그렇게 진지하게 받지 마시구요.(웃음)

김화자: 그런데, 사물인터넷은 그런 일도 챙겨 줄 수 있겠죠?

박승억: 네, 그런 제품이 시제품으로 준비되고 있는 것 같아요. 매일 먹어야 하는 약통에 있는 센서가 약을 거르게 되면 그것을 감지해서 약통의 붉은 등을 점멸하게 하거나 사용자의 핸드폰으로 알람을 알려주는 방식으로 고안된 상품을 본 것 같네요. 김연순 선생님, 이거 나오면 사시면 되겠네요.(웃음)

김인숙: 저희 모두 사야 되는 거 아니에요? 말씀하신 사물인터넷 적용 제품들이 1인 가구나 고령화 사회 '맞춤'으로 많이 만들어지는 것도 저희들이 생각해 볼 일일 겁니다. 그러다 보면 아마 반도체나 센서를 만드는 첨단 산업의 정황도 사물인터넷에 국한되는 것이 아니라 헬스케어와 고령화 사회에 대응하는 사회적 노력에 깊게 관여하겠죠?

김화자: 선생님이 말씀하시니까, 반도체나 센서를 만드는 거대 다국적 기업의 시장 판도와 사물인터넷 현상이 관계가 있다고도 들은 것 같아요.

김진택: 기술 시장과 관련해서 그런 얘기가 있긴 합니다. 마이크로소프트사가 개인용 데스크 탑 컴퓨터 시장에서 CPU칩과 센서 칩의 생산과 유통에 있어서는 압도적인 위치에 있었는데, 디지털 디바이스 시장이 핸드폰을 비롯한 모바일 디바이스로 재편되었잖아요. 그 과정에서 마이크로소프트사가 재미를 못 본지 너무 오래된 거죠. 앞으로도 이렇게 그냥 가게 되면 더 뾰족한 수도 없구요. 그러던 중에 지금 알파고 때문에 인공지능이 갑자기 훅 주목을 받고 있지만, 2년전 만 해도 인공지능이 침체했던 분야라서 어차피 제대로 구현하기 어려운 인공지능 기술이라면 아예 센싱을 중심으로 디지털 환경 시스템을 구축하면 되지 않을까 하는 생각들이 힘을 얻게 되었다고 해요. 그렇게 되면 센서 칩 생산에 강한 경쟁력을 가진 마이크로소프트사가 다시 굴기할 수 있는 기회라고 보았기 때문에 사물인터넷 시장과 그에 따른 연구를 띄우려 노력했고 지금도 현재 진행형이라는 분석도 있는 것으로 알고 있어요.

김연순: 기술의 발전이라는 것이, 정말 기술 자체의 발전이 스스로 내적 정합성을 가진다고 할 수 없음이 여기서도 나타나는 것 같네요. 기술의 네트워크를 입체적으로 봐야 하는 작업이 항상 필요한 것도 그래서이겠죠.

김인숙: 네, 그렇죠. 나라마다, 사회마다 가지고 있는 정치적, 사회적, 경제적 맥락과 성격이 다르니까 사물인터넷을 받아들이고 그것을 적용하여 만들 수 있는 사회를 구상하는 사회적 상상력도 다르게 나타나는 것 같거든요. 독일의 경우만 하더라도 사물인터넷은 개인적 서비스도 서비스지만 인더스트리 4.0, 즉 새로운 산업혁명의 구조적 시스템으로 접근하는 측면이 있으니까요.

박승억: 사물인터넷이 개인적 서비스와 삶에 관련하는 상황을 김연순 선생님이 '디지털 집사' 라는 관점에서 접근하셨잖아요. 선생님이 작년 가을에 원고 쓰시면서 말씀하셨던 건데 일간의 사정으로 책이 늦게 나오면서 그 사이 주커버그가...

김화자 : 그러니까요, 주커버그가 디지털 인공지능 집사 운운했던 얘기가 대중적으로 알려지면서 선생님 얘기가 묻힌 건 아닌지. 뭐, 저희들이라도 알아드리면 되는 거니까 너무 속상해 마시구요.(웃음)

박승억 : 자연스럽게 김연순 선생님 글로부터 이야기를 풀어 나갈 수 있겠네요. 휴대폰에 탑재된 인공지능이 비서 노릇을 하기 시작했다는 기사가 심심치 않게 나오는 디지털 집사에 대한 이야기는 무척 흥미로운데요. 디지털 집사가 집사 노릇을 제대로 할 수 있기 위해서는 시스템 내에서 스스로 판단하고 결정하는 기능을 가져야 할 것 같습니다. 그런데 그런 기능 역시 미리 프로그램화 된 것이겠죠? 다시 말해 그렇게 스스로 판단하고 결정하게 하는 프로그램의 로직과 알고리즘은 여전히 사람이 만들지 않을까요? 결국 쓸데없이 간섭하고, 자기 의견을 고집하는 디지털 집사에 대한 걱정은 너무 과한 것은 아닐까요?

김연순 : 물론 그런 면이 있습니다. 하지만 집사 프로그램을 일일이 설정하는 일은 초창기에서나 일어날 일일 겁니다. 처음에야 디지털 집사가 해주는 서비스가 좋아서 심지어는 시시콜콜 모든 정보를 입력하기까지 할 것입니다. 그러나 그런 일이 어느 새 일상이 되고, 기술의 발전은 계속될 겁니다. 종내에는 인간이 디지털 집사와 상호작용을 하면서 서로에게 적응하는 면도 생겨날 것입니다. 그러다 보면 마침내 우리가 디지털 집사를 조작하는 것이 아니라, 우리의 삶이 디지털 집사에 맞추어 가겠죠. 새로운 기술에 적응해 가는 거죠. 자동차에 네비게이션이 없을 때 사람들은 지도를 보며 낯선 장소를 찾아 가는데 별다른 어려움을 겪지 않았습니다. 하지만 지금은 네비게이션이 없이 낯선 장소를 찾아가는 일을 엄두도 내지 못하는 사람들이 많아진 것처럼 말이죠.

김인숙 : 디지털 집사가 제대로 작동하기 위해서는 사물인터넷 시대를 필요로 할 것이고, 머지않은 미래는 사물인터넷 시대가 될 것 같기도 합니다. 그런데

그런 시대를 목전에 두고 왜 집사학교들이 속속 오픈된다고 보시나요?

김연순: 그것은 부의 과시에서 비롯되었을 것으로 생각됩니다. 더욱이 예전에 권력자를 포함한 상류층의 특권이었던 '섬김'을 21세기에서 자본의 힘으로 경험한다는 것은 타인과 구별짓기를 좋아하는 인간 본성과 맞물리면서 상당히 유혹적일 것입니다. 현재 우리나라 재벌들도 집사들이 있잖아요. 그러니 디지털 집사가 일반화되더라도 집사나 비서 같은 직업들은 여전히 살아남을 것 같아요. 많은 비용을 지불해야 하는 사람 집사를 고용할 수 없는 사람들이 디지털 집사를 사용하겠죠. 어떤 방식으로든 인간이 타인과의 의사소통만이 아니라 사물과도 소통할 수 있게 된다는 사실에는 긍정적인 요소가 많을 것입니다. 주로 삶의 편리겠죠. 하지만 결정적인 차이는 사물과의 소통에는 사람 냄새가 없다는 겁니다. 그래서 시간이 갈수록 사람이 더 선호되지 않을까 생각됩니다. 이를테면 요양사의 경우가 그렇겠죠. 장차 로봇이 대량생산된다면 누구도 로봇 요양사보다는 인간 요양사를 선호하지 않겠습니까? 집사의 경우에도 마찬가지일 것입니다. 결국 비용이 문제겠죠.

박승억: 선생님, 그런데 선생님이 인용하신 영국 드라마의 예를 들으며 느껴졌던 부분 중에 하나가요, 그 드라마에서 나오는 영국 공작 가문이었던가요? 그 가문 사람들과 집사의 관계가 보여주는 성숙한 인간관계에 대해서, 즉 집사의 충직한 섬김과 그에 상응하는 공작 가문 사람들이 집사에게 갖는 깊은 신뢰 등에 대해 강조하시다보니 계급적 사회관계에 대한 시선이 다소 관대하셨던 건 아닌지 생각이 들었습니다만.

김연순: 충분히 그렇게 생각하실 수 있을 것입니다. 관대한 시선이기보다 사회적 맥락을 전면에 제시하지 않았지요. 계급사회의 모순에 따른 윗층 사람들과 아래층 사람들 간의 불평등이 강조되면서 집사 자신에 집중할 수 없기 때문입니다. 더욱이 스마트기기의 역할과 집사의 역할을 비교하면서 사람의 일이 기계가 대신하는 것에 중점을 두었기 때문에 계급사회나 자본주의 사회

에 대한 비판적 관점을 글 속에 녹여내기가 제한적이었습니다. 일전에 서로의 주제에 관해 이야기했을 때도 박 선생님께서 같은 내용으로 평을 해주셨기에 시도를 해보았습니다만 가닥을 잡기가 쉽지 않더군요. 자칫 구색가추기가 되겠더라고요.

김화자 : 디지털 집사라는 새로운 서비스가 단적으로 말해 주듯이 결국 인간이 사물과 소통하는 시대에 다가가고 있는 셈인데, 그래서 김진택 선생님은 사물인터넷 시대를 새로운 형태의 애니미즘으로 연결하셨습니다. 과거 원시적 애니미즘이 갖는 속성에 대한 변용적 해석으로 받아들여집니다만…

김진택 : 과거의 애니미즘에 대한 실체적 접근은 사실 어려운 것이니, 그저 우리가 할 수 있는 것은 지금에 근거해서 상상해보는 방식으로, 문헌으로 배우는 것에 개연적 상상력을 보태어 생각할 수밖에 없겠죠. 그러니 선생님께서 말씀하신 변용적 애니미즘에 대한 말씀은 어찌보면 많은 오류와 오해를 안고 있는 현대의 해석적 상황에 모두 맞는 말일 것 같다는 생각이 새삼 듭니다. 제가 애니미즘을 사물인터넷 환경에 적용해서 생각하는 일이야 말로 오류를 자유롭게 저지르는 철학적 상상력, 혹은 인문학적 상상력에 지나지 않을 수 있다는 점을 먼저 말씀드려야 할 듯합니다.
분명, 과거의 신비적 주술적 세계관의 세계에서의 애니미즘과 이성적 과학적 세계관이 지배하는 현대 사물인터넷 환경에서 말하는 애니미즘이 실천되는 방식은 여러모로 다를 것입니다. 본문에서 사물인터넷 환경 속 현대인의 태도를 애니미즘과 겹쳐 서술하려 노력했습니다만, 변용적 애니미즘이라는 말로 표현하기에도 억지스러운 부분이 있을 수 있습니다. 하지만 한편으로는, 인식적 상황은 크게 달라지지 않은 것 같기도 합니다. 사물인터넷 환경에서 나에게 말을 걸고 이런 저런 행위를 제안(강요)하는 사물들을 우리가 과학 기술과 합리적 대상의 집합체로 여기면 그만이지만, 그 대상과 나, 사물인터넷 환경을 이루는 모든 것을 총합적으로, 과학적으로 빈틈없이 이해하기란 불가능합니다. 이것이 가장 효율적인 시스템인가? 이것이 가장 최적의 삶의 양태

의 구현인가? 등의 물음 역시 한 두어 개의 껍질을 파고 들어가면 모호함과 불투명한 답들이 우리를 기다립니다. '나와 같은 사람은 몰라도 과학적 원리를 과학자가 알고 공학자가 알고 있지 않은가' 생각할 수도 있지만 이러한 사정 역시 크게 다르지 않습니다. 발달된 사물인터넷 환경에서 나와 소통하는 사물들을 경외의 눈빛으로 바라보거나 이해하지 못해 거북해하며 두려움을 갖거나, 한 몸이 되어 너무도 편안한 안도를 느끼거나 하는 우리의 모습은 애니미즘 환경에서 우리가 사물과 맺었던 모습과 일면 같은 모습이 있겠구나 라는 생각에서 저는 출발했습니다.

박승억 : 본문에서 언급하신 이미지에 의한 사물의 주술성은 대상을 온전히 대상화 할 수 없는 인간이 자신의 능력을 초월하는 힘을 어떻게든 반영한 태도이지 않았나 생각됩니다. 그런데 사물인터넷 환경은 그러한 주술성을 추방하려는 현대과학이 생산, 유통시키는 시스템이어서 사실상 역설적으로 들리기도 합니다. 선생님께서는 그렇다면 애니미즘의 어떠한 속성에 주목하신 건가요?

김진택 : 우리가 사물과 대면하는 태도에 하나였던 애니미즘은 분명 사물 이해 과정에 계속 남아있는 '여분'이라는 부분과 대상과 주체의 분리 불가능성에 대해 얘기 할 수 있게 합니다. 그 여분이라는 부분은 사물에 대한 이해와 알고 있는 정보가 넘쳐 나서 남는 여분이 아닌, 그 대상을 정확히 알지 못하는 것을 인정하는, 즉 '결핍'과 '모자람'을 겸손히 인정하는 태도에서 나온 '여분'이라는 것에 저는 주목합니다. 이 여분에는 대상과 나 사이의 채워지지 않는 지식과 인식의 공간을 반드시 채우려 하는 강박을 갖지 않는 태도, 혹은 그 빈 공간을 모두 채웠다고 여겨도 정작 자연스럽게 남는 공간이 존재한다는 자연과 사물에 대한 공손한 태도가 존재한다고 생각됩니다. 그 '여분'의 공간은 언제나 미지의 공간이자 신비의 공간이기도 하며, 끝내 도달하지 않아도(못해도) 되는 인식의 자리임을 우리가 인정하는 순간, '나' 역시, '주체'의 존재 역시 끝내 규정할 수 없는 모호한 존재로 남게 되는 것일 겁니다. 사물

과 나의 궁극적 차이를 규정할 수 없기에, 그 둘의 분리가 불가능하다고 사유할 수 있는 인식이 가능합니다. 과거 애니미즘의 상황에서 나타나는 사물과 인간의 분리불가능성을 그저 주술적 차원에서 나타나는 후진적, 미신적 차원에서 이해하는 것은, 애니미즘이 갖는 풍부한 사유의 힘을 좁게 파악하는 일일 수도 있습니다.

김연순 : 말씀하셨듯이 과거 애니미즘이 갖는 속성은 사물과 인간 주체의 분리불가능성에 기반하기도 합니다. 이러한 분리불가능성이 만들어내는 인간 행위의 생성적 힘은 비단 과거 애니미즘적 세계관에서만 나타나는 것이 아니라 사물인터넷 환경에서도 실천된다고 생각할 수도 있을 것 같습니다. 상이한 이 두 환경을 철학적 개념으로 볼 때 어떻게 설명되어 질 수 있을까요?

김진택 : 본문에서 잠시 언급했던 들뢰즈의 '배치' 개념으로 대답할 수 있지 않을까 생각합니다. 인간 주체가 비규정적이고 비균질적인 존재이고 따라서 사물과 세계와의 분리가능성을 쉽게 선언하기 어려운 사태에 주목하는 들뢰즈와 가타리의 사유를 설명하는 많은 개념 중에 하나가 '배치'라는 개념입니다. 간단히 말하면 그 양자 사이, 즉 과거 애니미즘과 사물인터넷의 애니미즘은 우선 배치의 구조가 다릅니다. 다시 말해 주체 안에 끼어 들어가 이질적인 것들과 마구 섞이며 우리 주체를 구성하는 요소들이 순간순간 우리의 주체를 언뜻 언뜻 보여주는 것이기에, 이 둘은 배치의 구조와 순서와 도식이 다릅니다. 달이 뜨고 지는 현상을 과학적 원리로 설명하는 요소가 배치의 구조에 들어있는 그런 배치의 시대와 인간이 있었다면, 생명과 사물에 대한 경외와 신비로움이라는 배치의 요소가 과학적 원리라는 요소를 대신하는 배치의 시대와 인간이 있었을 뿐입니다. 이미지의 주술적 힘에 대한 신뢰와 소통의 열망이 강했던 요소의 배치의 행렬과, 현대 디지털 커뮤니케이션 환경에서 '바득바득' 자기 자신을 과시하는 이미지의 또 다른 주술성을 갈망하는 배치의 행렬이 다른 것입니다. 이러한 배치의 행렬의 다양한 조합에서 차이와 유사함들의 사건이 생성됩니다. 같은 배치는 없습니다. 그것이 미시적인 배

치로 가면 갈수록 더욱 그러할 것입니다. 유사함도 그것은 전일적 유사함이라기보다 순간적 사건들의 집합의 요소들에 불과합니다. 구체적인 상황에 철학적 시선과 통찰이 다다라야 한다고 우리가 동의한다면, 바로 이 배치의 행렬의 차이와 분포도, 밀도의 구성등을 치밀하고도 솔직하게 보아야 하는 일을 말하는 것입니다.

박승억 : 사물인터넷 환경이 좀 더 정교해지고 대중화된다면 과거 애니미즘의 주술성보다도 더욱 구체적이고 현실적인 상황이 펼쳐질지도 모르겠습니다. 왜냐하면 사물인터넷에서 사물은 실재로 우리에게 말을 걸어오니까요. 인간과 사물간의 이러한 새로운 형태의 소통이 균형을 잡아 갈 수 있을까요?

김진택 : 이러한 새로운 소통 역시 앞서 얘기한 다양한 배치의 양상으로 접근할 수 있으리라 생각됩니다. 배치의 구도 안에서는 요소들이 안정적인 질서와 균형을 이루는 형태를 유지할 수도 있겠지만 균형의 긴장을 넘어서는 배치의 양상이 가능하기도 합니다. 점점 더 복잡한 양상을 띠는 현대의 시간은 아마도 이러한 배치의 복잡하고도 이질적인 양상의 속도를 가속화시키거나 분열의 형태까지를 포함할 수도 있습니다. 배치로서의 존재인 우리는 지금 이 속도와 균열과 분열의 양태를 감내하며 진화를 실천해야 하는 지점에 있습니다. 우리 실존이 가지고 있는 장치가 무엇이 있는지 다시 한 번 점검해야 할 시간일 듯합니다. 배치의 구조와 행렬, 밀도와 강도를 재배치할 수 있는 힘은 우리에게 있다고 믿고 싶으니까요.

김인숙 : 아까부터 드리고 싶은 말씀이었는데, 경제, 경영이 전공인 저는 김진택 선생님 말씀이 점점 어려워지네요.(웃음)

김연순 : 쉬운 거 같은데 읽다보면 어려워서 독자들에게는 불친절한 분이세요. 반성하세요.(웃음)

김진택 : 원래 좋은 저자는 쉽게 글을 풀어내야 하는 건데... 반성하고 있습니다.

김연순 : 근데 김화자 선생님 글도 쉽지는 않던데요.(웃음) 앞선 이야기의 전체적인 방향은 우리에게 기술의 미래를 결정할 선택의 힘이 있지 않겠는가 하는 말처럼 들리는데, 김화자 선생님께서도 기술이 좋은 일을 할 수 있는 충분한 여지를 지닌 존재이고, 우리 인간과 함께 분명히 더 좋은 방향으로 움직일 수 있는 여지가 있다고 보시는 것 같습니다. 이런 기술이 사물인터넷을 통해 인간과 공존하며 유기적 세계로서 상호세계를 만들게 된다면, 사물인터넷 기술은 이전의 기술들과 근본적으로 다르다고 생각하시는 건가요?

김화자 : 기술은 애초부터 인간의 필요와 욕망에 의해 탄생했다고 생각합니다. 사물인터넷 이전의 사물기계는 설계된 기능만을 충실하게 수행하도록 제작되었기 때문에 전문적인 만큼 폐쇄적이었죠. 반면 센서, 무선네트워크, 인공지능을 탑재한 사물인터넷의 사물들은 생명체처럼 자발적으로 서로 연결해 정보를 교환하기 때문에 정해진 기능을 넘어 연결의 잠재적 기능을 창출할 수 있다고 봅니다. 다시 말해, 사물인터넷은 설계된 전문적 효용성만 창출했던 이전 기술과 달리 사물과 인간이 실시간으로 연결하며 잠재적이고 관계적인 효용성을 추구한다는 점에서 이전 기술과 다릅니다. 즉 사물인터넷의 자동 연결에도 인간이 개입할 수 있는 여지가 반드시 존재하기 때문에 다양한 사물기기의 정보력과 인간의 상상력이 상호작용하는 조화와 조정을 통해 창의력의 충돌을 피하면서도 배가시킬 수 있다고 봅니다. 최근에는 아두이노(Arduino) 메이커, 팹랩(Fab Lab), 팹카페(Fab Cafe)처럼 오픈소스 디지털 장비와 하드웨어 장비를 갖추고 참여자들이 각자 자신이 원하는 것을 창작하는 메이커들의 모임이 온라인, 오프라인에서 활발히 이루어지고 있구요. 나아가 이런 메이커들의 모임은 사물인터넷의 네트워크가 아날로그적 감성을 지닌 기계와 상호작용하며 개인의 경험적 상상력의 한계를 기술의 잠재적 상상력으로 확장시켜 창발적인 제작 가능성을 열어 줄 수 있다고 봅니다.

김연순 : 그럼, 한 가지 더 여쭤볼게요. 첨단기술과 인간의 조화로운 연결과 협력을 위해 상호 간의 주체성을 인정해 준다면, 인공지능이 탑재된 기술에 주체성을 부여해야 한다는 건가요? 아니면 기술을 통해 생명을 얻게 된 기술의 물질성 자체인 사물에 부여해야 한다는 건가요? 우리가 배려하고 협력해야 할 주체성은 무엇이라고 생각하시는지요?

김화자 : 행위자네트워크(ANT) 이론에서는 인간 외의 여타의 사물, 즉 자연이건, 사회제도이건, 기술이건 인간의 행동에 영향을 줄 수 있다면 비인간 행위자로 인정해야 한다고 주장합니다. 그러나 근대에는 인간을 연장의 속성을 지닌 물체로서의 신체와 사유의 속성을 지닌 정신으로 분리하고 정신을 인간의 본질로 간주해서 인간에게 세계의 중심이자 주체의 속성을 부여해 왔습니다. 그런데 니체 이후 포스트모던 철학자들은 인간을 정신과 신체로 구분하는 것에 반대하고 인간 주체와 물체 대상이란 이분법적 세계관을 부수려고 부단히 노력해 왔죠. 몸이라는 물질 없이는 정신이란 의식 실체도 존립할 수 없는 것처럼, 기술의 인공지능과 물질성을 구분해서는 안 된다고 봅니다. 컴퓨터의 하드웨어 없이 소프트웨어만 작동할 수 없는 것처럼, 사물기기의 인공지능이 작동하기 위해서는 물질적인 부속품들의 조립 없이 불가능한 것 아닌가요? 따라서 기술을 통해 생명을 얻게 된 것은 인공지능과 물질로 이루어진 기술자체이고 우리가 협력해야 할 주체는 그 둘이 결합된 사물기기라고 봅니다.

김진택 : 인공지능 말씀하셨으니까 조금 더 설명 부탁드리고 싶은데요, 공학자가 아닌 철학자로서 선생님은, 특히 몸과 감각에 대해 많은 관심을 가지고 계시니까 여쭙고 싶네요, 사물인터넷 기술/환경과 인공지능 기술/환경이 갖는 관계를 요즘 어떻게 생각하고 계시는지요?

김화자 : 최근 다양하게 출시되고 있는 사물인터넷 관련 제품들은 다양합니다. 그 중에서 특히 쉽게 접할 수 있는 것들로는 스마트 홈이나 스마트헬스

제품들에 삽입된 복합 센서의 약한 인공지능과 금융(주식)로봇, 법률로봇, 의료로봇 등이 있지요. 이렇듯 보다 종합적으로 인지능력을 강화시킨 인공지능은 분명 우리의 사유와 행동 구조에 큰 영향을 미치고 있습니다. 사물인터넷 기술과 인공지능 기술이 편리함만을 제공하는 것이 아니라 우리 행동까지도 변화시키고 있다는 점을 보자면, 그 기술들은 단순히 객체이자 대상으로 간주될 수 없습니다. 복합 센서로 지능화되고 점점 종합적인 판단능력이 가능해지는 사물인터넷의 인공지능을 인간의 자연지능과 대립되는 것으로 치부하고 무조건 두려워하거나 경계하기보다는 인간의 자연지능을 보완하고 상호작용하는 다른 유형의 지능이라고 볼 수 없을까요? 앞의 제 글에서 언급했듯이, 우리 행동을 변화시키는 사물지능은 인간 지능과의 연결을 통해 인간이 다 보지 못하거나 알지 못하는 세계의 잠재적인 의미와 가치를 발견할 수 있게 해줍니다. 그러나 그것은 인간에 의해 프로그램된 것이므로 그 한계가 있겠죠. 인간이 갖는 생생한 감각과 몸은 긴밀한 교섭의 관계를 파악하기 어렵기 때문에, 인간의 감각적 메커니즘, 즉 몸의 지능과 상호작용하는 것이 중요하다고 봅니다.

김인숙 : 저는 사물인터넷의 효과가 기계가 생각하는 것처럼 보이게 만든다 해도, 결국은 인간의 사유와 욕망이 '기계를 생각하는 것처럼, 욕망하는 것처럼' 만들은 것이라고 생각하고 있습니다. 그래서 많은 SF 영화가 경고한 것처럼 어느 순간 기계가 스스로 사유하고 자유의지를 지닌 존재가 되지 않도록 '균형감, 신중함'을 지닌 인간의 부단한 개입, 즉 인간의 지혜와 사물의 지능의 조화가 필요하다고 봅니다. 그러나 어떤 점에서는 지칠 줄 모르는 욕망을 조절하지 못하는 인간보다 욕망이 거세되고 프로그램화 된 기계 같은 인간되기가 지구의 멸망이란 파국은 막을 수 있지 않을까 하는 자조적인 생각이 듭니다. 삭막하고 우울한 전망이기는 하지만요. 아니면 아예 극단적으로 기계가 인간보다 조절, 균형 능력을 지닌 현명한 생명체로 진화할 수도 있을까요? 아무도 저를 안 보시려고 하시네요.(웃음) 그럼 지목을 해야죠. 박승억 선생님?

박승억 : 콕 찍어서 질문한다는 것이 이런 것인가 봅니다(웃음). 저도 글을 쓰면서 생각을 해 보던 문제였거든요. 사실 영화를 만드는 사람들은 이미 그런 상상을 하기도 했었죠. 2004년에 개봉되었던 ≪아이, 로봇≫이라는 영화에서는 스스로 생각하는 인공지능이 인간을 해치는 줄거리였는데, 로봇의 그러한 행동이 사실은 인간을 보호하기 위한 원리로부터 나왔다는 것이 좀 역설적이었죠. 질문에서 말씀하셨던 것처럼 인간은 과도하게 욕망하고 그래서 어느 새인가 우리 스스로를 위험에 빠트리는 존재가 되기도 합니다. 그런 점에서 질문 주신 것처럼 '기계 같은 인간되기'가 인류가 좀 더 오래 생존하게 할 수 있는 비법인지도 모르겠습니다. 트랜스휴머니즘을 주장하는 사람은 인류가 다음 단계의 생명체로 진화해 갈 것이라고 말하기도 하는데, 그 다음 단계는 아마도 말씀하신 것처럼 기계적인 것과 생물학적인 것의 조화일 것입니다. 우리의 기술 수준이 그런 문제를 당장 걱정할 정도는 아니니까 다행입니다만, 어쨌든 원리적인 차원에서 문제의 해법은 당연히 우리 손에 달린 '선택'이라고 봅니다. 예를 들어 가장 좋은 해법은 인간 스스로가 신중하고 균형감을 가진 존재가 되면 되겠죠. 물론 다른 선택도 가능할테고요. 핵심은 우리 스스로가 선택하느냐, 아니면 뭔가 또 다른 상황에 의해 비자발적으로 끌려가느냐의 문제가 될텐데, 그래서 더더욱 기술의 발전에 대해 사람들이 좀 더 관심을 가져야 한다고 봅니다.

김화자 : 이젠 인간이 할 수 있는 대부분의 일도 기계의 지적능력으로 해결 가능하지만 창의적인 영역만큼은 인간의 영역이라는 선생님의 언급에 동의합니다. 그런데 최근에는 창의성을 필요로 하는 분야(발명, 예술작업)도 기계적인 합리성이 제공한 특수한 정보가 있어야만 가능한 것 같습니다. 결국 미래의 창의성은 기계의 상상력과 인간의 상상력이 연동되어야만 가능하기 때문에 창의적인 영역을 오직 인간만의 영역이라 할 수 있을까요?

박승억 : 말씀하신 대로 인간이 창의성을 발휘하려고 하더라도 기계에 의존해야 하는 부분들이 많아졌습니다. 그런데 '기계의 상상력'이라는 표현은 오히

려 상상력을 자극하는 표현처럼 들립니다. 제가 듣기에 '기계의 상상력'이라는 것이 기계가 스스로 상상한다기보다는 그 기계로 할 수 있는 가능성의 한계를 말씀하시는 것 같습니다. 예를 들어 자동차는 그저 사람들의 이동 수단이기만 한 것이 아니라 화가가 작품을 표현할 수 있는 캔버스가 될 수도 있겠죠. 만약 그런 의미로 기계의 상상력과 인간의 상상력이 연동된다는 말씀을 하신 것이라면, 저 역시 그 두 상상력이 협력해야 한다는 것에는 십분 공감합니다. 결국 모든 기계는 그것들이 미디어라는 점에서 맥루언의 말처럼 인간 신체의 일부나 마찬가지니까요. 다만 기계의 상상력이 실제로 기계가 우리가 흔히 말하는 인간의 상상력을 말씀하시는 것이라면 새로운 논의가 필요할 것 같습니다. 상상한다는 것은 동시에 뭔가를 욕망한다는 뜻이기도 할 텐데, 그때는 그것을 구태여 기계라고 표현할 필요가 있는지 싶기도 하고, 훨씬 복잡한 인간 정체성의 문제를 생각해야겠죠. 저는 일단은 그 부분에 대해서는 회의적이기는 합니다.

김연순 : 박승억 선생님의 본문 중에 "실증적 사유방식의 기계는 보이는 것만을 봅니다. 보이는 것 너머의 보이지 않는 것을 보지는 못합니다."라는 말을 하셨는데 현대는 너무 복잡해서 볼 수 있어도 아우를 수가 없는 시대인 것 같습니다. 인간은 이제 복잡하지만 명쾌한 기계의 계산능력에 의존할 수밖에 없는 지경에 이른 것은 아닐까요? 그런 현상 중 하나가 바로 사물인터넷이라 생각됩니다. 이러한 상황에서 보이지 않으면서도 움직이고 있는 사물인터넷의 기계적 행위를 어떻게 설명할 수 있을까요?

박승억 : 일단 선생님의 생각에 크게 공감합니다. 사실 이미 우리의 삶은 기계적 사유에 의해 조정되고 있다고 보는 것이 냉정한 현실적 판단이지 싶습니다. 그것이 시장경제의 논리에 따라 이루어지는 것이든, 혹은 무비판적으로 현실에 끌려가는 우리 자신 때문이든 그런 설명의 논리 이전에 우리가 인정해야 하는 현실인 것처럼 보입니다. 이걸 직설적으로 이야기하면, 판은 이미 벌어진 것이니 다음 전략이 무엇인가라고 물어야 하는 상황으로 보이는

거죠. 이렇게 삶의 패턴이 변화하고 있다는 현실을 받아들이고 나면, 그 다음 전략은 보다 인간적인 것이 무엇인가에 사람들의 초점이 모아질 거라고 보는 겁니다. 한 편으로는 좀 낙관적인 생각일 수도 있는데, 기계적 사유 방식이 우리에게 주는 편리함은 다 누리되, 그래도 우리가 기계는 아니라는 욕망 또한 포기하지는 않을 거라고 보는 겁니다. 그래서 기계적 사유와는 다른 것이 무엇인가를 찾아보자고 제안한 겁니다. 말하자면 제가 말씀드렸던 기계적 합리성(기계가 생각하는 것처럼 보이는 것)은 근대의 합리적 계산 방식의 극한이거든요. 결국 기계가 생각한 것이 아니라 우리가 그렇게 생각하는 것을 기계에다가 구현한 거죠. 기계가 생각하는 것처럼 보이는 것은 우리가 그렇게 생각하기 때문이라는 겁니다. 그런데 우리의 생각이 꼭 그런 방식만 있는 것은 아니니까 인간 사유의 고유한 정체성을 마련하는 일은 가능해 보인다는 거죠. 핵심은 그런 대안들이 현실에서 어떤 영향력을 발휘할 수 있는가를 확인하는 일인 것 같아요. 지금까지는 특별하게 구별되지 않고 혼재되어 있었는데, 사물인터넷이 가져 올 변화를 통해서 좀 더 명료하게 구별할 수 있겠죠.

김진택 : 선생님께서는 인공지능 기술의 발전과 관련하여 인간 노동의 종말에 대해서 주목하셨고, 사물인터넷 기술과 관련해서도 사라지는 직업이나 노동시장의 변화를 말씀하셨는데...

박승억 : 꼭 사물인터넷이 아니어도, 최근 인간의 사유를 모방한 여러 인공지능에 관한 이야기들이 나오고, 그런 고도의 계산능력을 가진 인공지능들 혹은 그런 지능을 탑재한 로봇들이 일상에 끼어들면서 미래의 직업들에 대한 이야기들이 많이 나오니까 자연스럽게 그런 생각을 하게 되더군요. 핵심은 정보를 처리해 나가는 과정이 '생각'하는 것처럼 보이게 된다는 것에 있겠죠. 센싱 기술들이 발전하면, 이제까지 인간만이 처리할 수 있다고 믿었던 정보들을 기계적으로 번역하는 것이 가능해지고, 그렇게 되면 자연지능보다 훨씬 계산속도가 빠른 인공지능들이 그 새로운 정보들을 통해(특히 사물인터넷의 상황에서는 인간이 정보를 주는 것이 아니라 기계들이 스스로 정보를 수집하니까요) 판단을 내

릴 수 있는 상황이 될 것이고, 그렇다면 이제까지 정보를 처리하고 판단을 내리고 하는 일들 중의 상당수를 기계가 인간 대신에 할 수 있겠다는 시나리오를 생각할 수 있죠. 이것은 시장경제의 기본 전제, 다시 말해 비용을 줄이는 행위를 합리적이라고 보는 한, 기계나 기계적 프로그램이 인간의 노동을 대체할 가능성은 커진다고 봐야 할 것 같습니다. 그래서 인간이 새로운 노동 영역을 찾아내지 못하는 한, 기계와의 경쟁은 분명할 겁니다. 물론 정반대의 선택도 가능합니다. 인간의 일자리를 위해 기계의 사용을 제한하는 것이 법으로 정해질 수도 있겠죠. 시장경제 시스템 자체가 붕괴할 수도 있다는 위기감이 확산된다면 말이죠. 실업자가 많아지면 결국 시장이 돌아가지 않을 테니까요. 기계들이 물건을 사기 위해 일을 하는 건 아니니까요. 어쨌든 다시 원래 이야기로 돌아가면, 기계들이 인간의 노동을 대체할 수 있는 상황과 사물인터넷 사이의 관계는 간단히 말해서 이렇게 말할 수 있을 것 같아요. 사물인터넷이 광범위하게 확산되면, 결국 기계들이 마치 생각하는 것처럼 보이고, 그 결과 기계적 합리성에 의해 처리할 수 있는 일자리들은 기계들이 떠맡을 거라는 겁니다. 공장에서 고도의 자동화가 자연스럽게 일자리를 줄이는 것과 마찬가지겠죠. 일일이 정보를 전달해야만 작동하기 시작하는 기계들이 사물인터넷을 통해 스스로 정보를 주고받고 작동하기 시작하면, 정보를 전달해 주던 사람들이 일자리를 잃지 않을까요?

김진택 : 자연스럽게 일자리, 산업 구조, 경제 문제로 논의가 움직이네요. 독일이 추진하는 Industrie 4.0은 타국가의 사물인터넷에 비해 제조업을 기반으로 하기 때문에 기존의 아날로그적 산업시스템과 조화를 이루어 우리가 염려하는 '실업'과 인간 배제의 문제에 보다 유연하게 대처할 수 있다고 보시는데, 실제로 그런가요?

김인숙 : 제조업에 적용한 사물인터넷이 독일의 Industrie 4.0입니다. 일본과 중국도 제조업에 사물인터넷을 적용시킬 수 있습니다. 제조업이라는 기존의 아날로그적 산업시스템이라고 해서 꼭 일자리 창출에 긍정적이라고는 할 수

없습니다. 제가 생각하기에 중요한 점은 누가 참여해서 미래의 산업구조를 설계하느냐가 중요하다고 봅니다.

독일은 플랫폼 운영에 노동조합이 참여합니다. 그리고 일자리는 독일 정부의 최우선 과제입니다. 이 두 가지가 독일의 Industrie 4.0에서 일자리를 창출하는 핵심요소라고 봅니다. 곧 일본, 한국, 중국은 제조업이 강한 나라입니다. 이들이 제조업에 사물인터넷을 적용한다고 해서, 독일처럼 일자리를 창출하리라고는 생각하지 않습니다. 정책의 우선순위가 다르고, 참여하는 경제주체가 다르기 때문입니다. 결론은 사물인터넷 그 자체가 실업과 직결된다고 보지 않습니다. 누가 그리고 어떻게 사용하느냐에 달려있다고 봅니다. 독일의 스마트팩토리로 유명한 지멘스(Siemens Amberg) 공장은 사물인터넷으로 공장 자동화를 도입했습니다. 그럼에도 일자리를 그대로 유지하고 있습니다. 사람들은 좀 더 복합적인 일을 하고, 로봇은 조교처럼 사람을 지원하거나 단순한 업무를 담당합니다. 기계냐 혹은 인간이냐의 질문보다는 기계와 인간 혹은 로봇과 인간의 노동 분업이라는 생각입니다. 순간순간의 유연한 의사결정은 로봇이나 사물인터넷 그 자체로는 어렵기 때문입니다. 다만 로봇과 사물인터넷의 업무가 늘어나긴 하겠지만, 그 자체로 높은 부가가치를 창출하는 것은 한계가 있다고 봅니다. 사업장에 따라서 제품생산 방식에 따라서 사람과 로봇의 업무분담은 차이를 가질 것입니다. 가장 어려운 질문은 그 분담 비율을 어떻게 할 것이냐 입니다. 기술, 비용, 품질, 근로자 등등의 모든 여건을 고려해서 분업의 범위와 깊이를 판단해야 하기 때문입니다.

김연순 : 사물인터넷은 모든 기계들이 하나로 연결되어 일사분란하게 작동하는 것이 필요한데, 진정 '분산된 의사결정방식'이 계획과 생각만큼 효율적으로 작동할 수 있을까요?

김인숙 : 사물인터넷 그 자체가 기업의 목적은 아닙니다. 기업은 스마트한 서비스를 판매해서 수익을 창출하는 것이 최종 목적입니다. 어떠한 기술도 경제성에 따라 판단됩니다. 따라서 그 문제는 미리 결정할 수 있다기보다는 점

진적으로 판단될 것으로 봅니다. '분산된' 의사결정도 현재로는 고장이 날 것을 미리 알려서 필요한 부품을 곧바로 주문하는 정도가 실현되고 있습니다. 부품의 내구성들은 어느 정도 측정이 가능하니까요. 또는 같은 기계에서 서로 다른 제품 3개의 조합을 주문별로 기계가 알아서 스스로 처리하는 수준입니다. 현재까지는 이러한 수준에 있지만 목표 자체는 분산된 의사결정을 좀 더 확대하는 것입니다. 예를 들어 목재가구를 만드는 사업장에서는 거의 자동화된 수준으로 설비들이 알아서 해결하는 비율이 높다고 봅니다. 업종별로 그 속도는 차이를 낼 것입니다. 투자 대비 수익이 높을 때 분산된 의사결정도 확대될 것으로 봅니다.

박승억 : 분산된 의사결정 체계가 자리 잡게 되면 대량생산 시스템은 어떻게 되는 것인가요? 사물인터넷에 의해 소비가 개인 맞춤형으로 전개된다면 훨씬 합리적으로 변할까요? 현재의 거대한 공장설비는 점차 축소되어야 하는 것은 아닐까요?

김인숙 : 우선은 대량생산과 주문생산이 함께 병행될 겁니다. 대량생산 시스템에서 공장설비의 유연성을 확보하려는 것입니다. 그리고 다른 한 편으로 사물인터넷을 통해서 개별적인 주문생산을 병행할 겁니다. 개별적인 주문제품도 가격이 저렴해야 하기 때문입니다. 임금이 높은 독일의 고민이기도 합니다. 기업고객을 포함한 소비자는 언제나 품질도 좋고, 서비스도 좋으며 가격도 낮은 제품을 원합니다. 또한 소비자의 욕구는 빠르게 변합니다. 이 모든 상황에서 살아남으려는 것이 독일의 제4차 산업혁명입니다. 아직 누구도 정답을 모릅니다. 이 엄청난 도전 상황에서 각자의 장점을 살리고, 사물인터넷을 이용해서 더듬어 가는 것이라고 봅니다. 독일, 일본, 미국, 중국, 인도, 한국 어느 나라도 안전하지 않습니다. 물론 어느 기업도요. 공장설비는 현대화될 것입니다. 도시에서 운영되고요. 예전처럼 멀리 지방에 산업단지에 공장을 세우는 것은 줄어들 것으로 봅니다. 사람들은 도시에 살고 싶어 합니다. 가정과 직업을 병행하고 싶어 하기 때문입니다. 높은 부가가치를 창출하는

근로자를 구하기 위해서는 도시에 공장을 스마트하게 세울 것입니다. 그 규모는 조금 줄어들지도 모르겠습니다만.

김진택: 구체적인 산업 얘기를 하다 보니, 몇 가지 질문들이 생각이 납니다. 저희가 올해 1월에 2016 HCI-K 학술대회 패널토의 세션에 참가해서 발표했을 때요, 정말 아무도 안 오실 줄 알았는데 강연장이 꽉 찰 만큼의 청중이 오셔서 정말 다행이었던 그날 말이에요—슬쩍 저희 자랑 좀 섞구요(웃음)—근데 대부분 전공이 컴퓨터 공학이나 UX/UI 디자인, 마케팅을 전공하시거나 그것을 업으로 하시는 분들이 많이 와주셔서 질문도 많이 하시고 진지한 이야기가 오갔잖아요. 그때 그 분들은 저희들에게 뭔가 답을 바라고, 뭔가 자신들의 일에 생산성을 높여 줄, 성과를 좀 멋있게 높여줄, 혹은 미래 비전을 얻기를 바라는 이야기를 우리가 인문학 쪽에서 해 줄 것이라 막연히 기대하고 오신 것도 같아서 고마우면서도 조금 난처했었는데요. 박승억 선생님은 어떠셨어요? 그때 느낌이…

박승억: 사실 우리 모두 좀 놀랐잖아요.(웃음) 공학을 하시는 분들이 인문학에 그렇게 관심이 많으실 줄은 몰랐으니까요. 전체적인 느낌이야 일종의 가능성을 발견한 기분이었다고 말할 수 있을 거 같아요. 저 개인적으로는 무엇보다 플랫폼이 문제라는 생각이 들었는데, 서로 간에 문제의식을 공유할 수 있다면 대화가 될 거라는 생각이 든 게 가장 큰 소득이었던 것 같아요. 재미있었던 것은 로봇 개발에 관계하는 분이 어떤 디자인의 로봇이 사람들에게 더 잘 다가갈 수 있을까를 물어오셨던 겁니다. 순전히 공학적으로만 생각하면 기능을 발휘하기에 최적의 디자인이 좋겠죠. 하지만 요즘의 상황을 생각하면 로봇이야말로 사람과 직접 커뮤니케이션을 하는 사물들 중 가장 중요한 사물이 될 겁니다. 그러니 커뮤니케이션의 당사자인 사람이 로봇을 어떻게 생각하느냐가 중요할 것이고, 그래서 아마도 로봇의 외양에 대한 생각을 물으셨던 것 같아요. 이런 문제들이야말로 인간을 이해하고자 하는 인문학과 공학이 만날 수 있는 접점이겠구나 하는 생각이 들었죠.

김화자 : 이런 질문도 있었잖아요? 인문학 하시는 분들은 걱정이 정말 많으신 분들 같다고. 기억나세요 김연순 선생님? 이 부분을 어떻게 생각하세요. 저희들이 해야 할 일들과도 관련이 있다고 생각하거든요.

김연순 : 로봇을 비롯한 기계발전에 노심초사하고 있죠.(웃음) 아마 그것은 발전의 중심에 기술이나 자본, 아님 어떤 학설이나 기능이 아닌 인간을 생각하고 인간의 삶을 생각하기 때문이라고 생각됩니다. 만약 '어떤 디자인의 로봇이 사람들에게 더 잘 다가갈 수 있을까' 질문한다면 그것은 곧 인간이란 어떤 존재인가 일 것이고, 어떤 문화에서 어떻게 사는 인간인가 일 것이며 무엇을 좋아하고 무엇을 싫어하는 인간인가 일 것입니다. 로봇을 만드는 주체도 사람이고 로봇과 상호작용하며 사용할 소비 주체이자 로봇의 대상이 되는 객체도 인간이기 때문입니다. 그러기에 "커뮤니케이션의 당사자인 사람이 로봇을 어떻게 생각하느냐가 중요할 것"이라는 말씀이 공감되는 것입니다. 무엇에 대한 이야기를 할 때 인문학자들은 인간과 인간의 삶을 전면에 내세우기 때문에 그를 둘러싼 환경의 문제, 이를테면 기술, 경제, 정치 등등의 문제에서 실용성이나 생산성 또는 권력 등은 그 자체로서는 큰 의미를 갖지 않지요. 그것이 모두 인간을 위한 인간의 환경이기 때문입니다.

김인숙 : 이번 겨울은 독일에서 여기저기 열심히 뛰어다니느라 저만 아쉽게 학회에 참석 못해서 그 분위기를 말씀으로만 들어 아쉽네요. 김화자 선생님께 비슷한 질문 부탁드리면서 저희 이 시간을 마무리해도 좋을 듯 한데요. 사물인터넷이 실제로 효율적으로 실현되기 위해선 센서, 플랫폼의 표준화 정보의 합법적 공유와 유출 같은 법적 문제들로 물리적으로나 제도적으로도 가까운 미래에 온전히 실현되기가 쉽지 않지만, 그럼에도 불구하고 사물인터넷이 대세라면 인문학자들은 무엇을 준비해야 할까요?

김화자 : 우선 사물인터넷 기술이 이전의 여타 기술과 다른 점 대한 올바른 이해, 이를 통한 긍정적인 효용성과 부정적인 파장에 대한 열린 토론의 장을

마련하고 그 연구 결과들을 책으로 발간해야 한다고 봅니다. 그리고 그 책이 청소년은 물론 대중들을 위한 사물인터넷 교육에 활용될 수 있어야 합니다. 왜냐하면 현재 사물인터넷과 관련된 출판물 대부분이 기술공학적, 경제·경영적 효용성만을 부각시킨 것이 많기 때문입니다. 이러한 교육을 통해 사물인터넷과 관련된 과도한 불안감(투명한 사생활 침해, 사이버 테러와 해킹, 일자리 박탈의 두려움…) 또는 과장된 효율성(기기의 자동연결에 의한 자유, 파격적인 생산성 향상…)에 대한 올바른 인식을 통해 사물인터넷이 초래할 부정적인 파장을 최소화할 수 있는 올바른 윤리관을 수립할 수 있게 도와주어야 합니다. 사물인터넷에 의한 정보 활용이 개인의 욕망과 이익보다는 집단의 공유가치와 의미를 실현할 수 있도록 노력해야 합니다. 즉 사물인터넷에 대한 성찰적 시각을 갖게 할 뿐만 아니라, 제대로 활용할 수는 기술적 역량과 이해가 왜 필요한가를 교육해야 하지 않을까요? 결론적으로, 사물인터넷의 초연결성과 빅데이터가 단순히 인간의 욕망을 실현하는 데 그치지 말고 기계, 인간, 자연 사이의 소외와 단절을 극복할 수 있게 불행을 예측함으로써 지속가능한 사회를 위해 고민하는 것을 게을리 하지 말아야 한다고 봅니다.

김진택 : 처음엔 다들 낯 좀 가리시더니만, 아주 밤새겠어요.(웃음)

일동 모두 : 모두 수고하셨어요.(박수)

김연순 : 다음 책은 우리 '안티 에이징'을 다루는 거죠?

김인숙 : 우선 밥 먹구요, 선생님!(웃음)

참고문헌

김대식, ≪인간 vs 기계≫, 동아시아, 2016

김인숙·남유선, ≪4차 산업혁명, 새로운 미래의 물결≫, 호이테북스, 2016

김학용, ≪사물인터넷: 개념, 구현 그리고 비즈니스≫, 홍릉과학출판사, 2014

니콜라스 네그로폰테, ≪디지털이다≫, 백욱인 역, 커뮤니케이션북스, 2008

모리스 메를로-퐁티, ≪행동의 구조≫, 김웅권 옮김, 동문선, 2008

------, ≪보이는 것과 보이지 않는 것≫, 남수인·최의영 옮김, 동문선, 2004

박형근·김영훈, <인더스트리 4.0과 독일 미래 제조업 청사진>, 포스코경영연구원, 2014.2.26

브루노 라투르 외, ≪인간·사물·동맹≫, 홍성욱 엮음, 이음, 2010

빅토르 마이어 쇤버거·케네스 쿠키어, ≪빅데이터가 만드는 세상≫, 이지연 옮김, 21세기북스, 2013

에릭 브란욜프슨·앤드루 맥아피, ≪제2의 기계시대≫, 이한응 옮김, 청림출판, 2014

이종근·정재훈, ≪웨어러블 혁명≫, 한스미디어, 2014

일연, ≪원문과 함께 읽는 삼국유사≫, 신태영 역, 한국인문고전연구소, 2012

질베르 시몽동, ≪기술적 대상들의 존재 양식에 대하여≫, 김재희 옮김, 그린비, 2011

커넥팅랩, ≪사물인터넷≫, 미래의 창, 2014

톰 아이고, ≪재잘재잘 피지컬 컴퓨팅 DIY≫, 김현규·황주선 옮김, 인사이트, 2014

편석준 외 지음, ≪사물인터넷: 실천과 상상력≫, 미래의 창, 2015

프란시스코 바렐라 외, ≪몸의 인지과학≫, 석봉래 옮김, 김영사, 2013

Anders Blok, Torben Elgaard Jensen, Bruno, Latour: Hybrid Thoughts in a Hybrid World, New York: Routledge, 2012

BITKOM·VDMA·ZVEI, Umsetzungsstrategie I40, Ergebnisbericht der Plattform I40, April 2015

BMWI, SMART SERVICE WELT—Internetbasierte Dienste für die Wirtschaft, Ein Technologiewettbewerb des Bundesministerium für Wirtschaft und Energie. 2014

Felix Guattari, Gilles Deleuze, CAPITALISME ET SCHIZOPHRENIE : Tome 2, Mille plateaux, Paris, Editions de Minuit, 1980

Forschungsunion/acatech, Securing the future of German manufacturing industry, Recommendations for implementing the strategic initiative INDUSTRIE 4.0, Final report of the Industrie 4.0 Working Group, April 2013

Francis daCosta, Rethinking the Internet of Things: A Scalable Approach to Connecting Everything, New York: Apress Open, 2013

Gilbert Simondon, *L'individuation à la lumière des notions de forme et d'information*, Grenoble: Millon, 2005

Huber, Anton S., Das Ziel Digital Enterprise: die professionelle digitale Abbildung von Produktentwicklung und Produktion, Beitrag aus dem Fachbuch "Industrie 4.0", Springer Vieweg Verlag 2013, 112—124. CEO Digital Factory Division, Siemens AG Sonderdruck.

Jacques Derrida, Psyché, Inventions de l'autre. Paris. Galilée. 1998

Regis Debray, Vie et mort de l'image: Une histoire du regard en Occident, Folio, Paris, 1995

연합뉴스, <中 신흥부자들, 집사 고용 유행>, 2013.9.27

전자신문, <스마트폰, 시키지 않아도 알아서... 개인비서로 진화>, 2015.8.4

BMBF(독일연방교육연구부),
https://www.bmbf.de/de/die-neue-hightech-strategie-86.html

BMWi(독일 연방경제에너지부),
http://www.bmwi.de/DE/Themen/digitale-welt.html

Hello, Alfred, https://www.helloalfred.com/

Labs Network Industrie 4.0(LNI 4.0), http://lni40.de/

Plattform Industrie 4.0, http://www.plattform-i40.de/

Quintessentially Korea,
https://www.facebook.com/QuintessentiallyKorea

The International Butler Academy, http://www.butlerschool.com/

일연, 도화녀와 비형랑[桃花女 鼻荊郞], 한국인문고전연구소가 제공하는 <원문과 함께 읽는 삼국유사>의 사이트, http://terms.naver.com/entry.nhn?docId=1633580&categoryId=49616&cid=49616

http://cfono1.tistory.com/899

http://www.samsung.com/sec/SmartHome/sHome.html

http://jongamk.tistory.com/3245

http://blog.skenergy.com/1696

찾아보기

사물의 미래 : 인간의 지위를 묻다

인쇄·발행 | 2017년 1월 17일 제1판 제1쇄 인쇄
2017년 1월 24일 제1판 제1쇄 발행

지은이 | 김연순·김인숙·김진택·김화자·박승억

발행인 | 문형진

임프린트 | 연필의 힘

발행처 | 세 진 사

(〒 02859) 서울특별시 성북구 보문로 38 세진빌딩
TEL. 02)922-6371~3, 923-3422 / FAX. 02)927-2462
등록. 1976. 9. 21 / 등록번호. 서울 제307-2009-22호
홈페이지 www.sejinbook.com

※ 연필의 힘은 도서출판 세진사의 임프린트입니다.

값 14,000원

ISBN 979-11-6045-121-4